Plötzlich Lehrer!

Erfahrungen nach dem Referendariat

Christian Jäger

Plötzlich Lehrer!

Erfahrungen nach dem Referendariat

für Anna

Bibliografische Information der Deutschen Nationalbibliothek:
Die Deutsche Nationalbibliothek verzeichnet diese Publikation in der Deutschen Nationalbibliografie; detaillierte bibliografische Daten sind im Internet über http://dnb.dnb.de abrufbar.

© 2016 Christian Jäger

3. Auflage, 2018

Illustration: ***http://www.pixabay.com***

Herstellung und Verlag: BoD – Books on Demand, Norderstedt

ISBN: 978-3-**7431-1841-6**

Inhaltsverzeichnis

	Vorwort	3
	Einleitung	5
1.	Lernen aus neurodidaktischer Sicht	7
2.	Innere Differenzierung und ihre Anwendung	11
2.1	Geschlossene und offene Differenzierung	15
2.2	Differenzierung im Unterricht, aber wie?	16
3.	Arbeitsblätter und Arbeitsaufträge erstellen	28
3.1	Was sind gute Arbeitsaufträge?	29
3.2	Was macht ein gutes Arbeitsblatt aus?	34
4.	Plötzlich Klassenlehrer	40
4.1.	Die Wahl des Klassensprechers	42
4.2.	„Diensthandy"	45
4.3.	Elternabende	47
4.3.1.	Elternabende sind auch ab und zu Wahlabende	49
4.4.	Die Stimmung in der Klasse	54
4.5.	Fehltage bei Schülern müssen auch mal sein	56
4.6.	Das liebe Geld der Schüler: die Klassenkasse	60
5.	Unterrichtsstörungen gehören zum Alltag	63
5.1.	Die Störungsanalyse nach Dieter Enkhardt	67
5.2.	Meine Methoden gegen Störungen	71

5.3.	Vermeidung von Störungen vorm Unterricht?	78
5.4.	Ordnungs-und Erziehungsmaßnahmen	86
5.5.	Wie effektiv sind Strafen?	91
6.	Kriterien sind Leitplanken für alle	93
6.1.	Kriterien für die Epochalnoten	93
6.2.	Kriterien für die Heftnoten	103
7.	Neue Medien: Der Jugendmedienschutz	106
7.1.	Was ist ein Jugendmedienschutzberater?	107
7.2.	Wie sieht Jugendmedienschutz im Alltag aus?	108
8.	Zusammenfassung	115
Literaturverzeichnis		117

Vorwort

Dieses Buch richtet sich an alle, die das den Status des Lehramtsanwärters „überlebt" haben. Ich habe mein Studium und anschließend mein Referendariat in Rheinland-Pfalz absolviert. Dies hat natürlich Auswirkungen auf dieses Buch, denn, wenn ich beispielsweise von der Schulordnung oder vom Schulgesetz rede, dann ist damit die rheinland-pfälzische Ausgabe gemeint. Bildung ist in Deutschland nun mal Ländersache!

Aber nicht nur das Schulgesetz und die Schulordnung variieren von Land zu Land, sondern auch die Schulformen und Fächer. Ich bin Lehrer für Mathematik, Biologie, Naturwissenschaften (NaWi) und dem Wahlpflichtfach Informatik. Ich denke die Fächer Mathematik und Biologie sind klar, aber das Fach NaWi ist wahrscheinlich nicht allen bekannt. NaWi ist ein Fach der Klassenstufen fünf und sechs. Es beinhaltet die ehemaligen getrennten Fächer Biologie, Physik und Chemie. Diese wurden bis vor kurzem getrennt in diesen Klassenstufen unterrichtet. In Rheinland-Pfalz entstand das Fach NaWi als eine Verschmelzung dieser drei Naturwissenschaften zu einem Fach. Über die Vor- und Nachteile kann man sich streiten. Ein Vorteil ist auf jedem Fall, dass die Schülerinnen und Schüler ein vernetzteres Denken über die Naturwissenschaften entwickeln. Im Optimalfall werden in jedem Themengebiet alle drei Naturwissenschaften beleuchtet. Nachteil: Der Biologielehrer ist der Meinung, dass die Biologie zu kurz kommt, der Physiker, dass die Physik zu kurz kommt und der Chemiker behauptet dies auch von seinem Fachbereich! Aber meckern hilft nichts, das Fach ist da und jeder sollte sich darauf konzentrieren den Schülerinnen und Schüler die Naturwissenschaften insgesamt näher zu bringen, egal welches Fachgebiet einem am meisten liegt!

Zurück zum Buch: Dieses Buch soll gerade junge Lehrer kurz nach dem Referendariat ansprechen.

Ich verzichte in diesem Buch auf die formelle Unterscheidung von Lehrerinnen & Lehrern und nenne beide Geschlechter der Einfachheit halber Lehrer oder Lehrperson.

Einleitung

Du hast dein 2. Staatsexamen in der Tasche! Gratuliere! Nun bist du gerüstet für den Alltag und bist der perfekt ausgebildete Lehrer!
Falsch!
In der Ausbildung zum Lehrer lernt man vieles, vieles aber auch nicht! Einige der Inhalte, die ich in meiner Lehrerausbildung vermisst habe, versuche ich in dieses Buch zu integrieren. Anders gesagt: Diese vermissten Inhalte waren der Anlass dieses Buch zu schreiben. Ich gehe davon aus, dass es vielen so ergeht wie mir. Man fühlt sich zunächst sicher nach seinem Referendariat, aber in Wirklichkeit hat man von der Realität keinen blassen Schimmer! Die ersten Alltagsprobleme werfen dich aus der Bahn. Was tun wenn man plötzlich eine eigene Klasse bekommt? Wie führt man ein richtiges Elterngespräch? Muss man jeden Klassenbucheintrag zuhause benachrichtigen? Wie gehe ich plötzlich mit voller Stundenzahl um?
Dies sind nur wenige Fragen die einen in der Realität erwarten. Das Referendariat bescheinigt hauptsächlich, dass man Unterricht planen und durchführen kann. Alles andere lernt man hinterher! Und das ist nicht gerade wenig!
Mir erging es nämlich so: zwei Wochen nach Ende des Referendariats wurde ich Klassenlehrer und hatte davon anfangs nur sehr wenig Ahnung! Von einem Tag auf den anderen ist man verantwortlich für

Schülerinnen und Schüler einer, seiner Klasse! Man führt Elternabende durch, verwaltet Fehltage und die Klassenkasse, plant Wandertage & Klassenfahrten und teilt Klassenbucheinträge den Eltern mit. Darauf wird man in der Ausbildung nur lückenhaft vorbereitet und es gilt zunächst: **Learning-by-doing!**

Dieses Buch soll als kleine Unterstützung für junge Lehrer dienen, die nach ihrem Referendariat, genau wie ich, eiskalt in den Alltag der Schule geworfen werden.

Zunächst startet das Buch aber sehr theorielastig. Im ersten Kapitel geht es um Neurodidaktik! Dieses recht neue Fachgebiet ist meiner Meinung nach Grundwissen für jeden modernen Lehrer. Dieses Thema hat mich so fasziniert, dass es auch Teil meiner mündlichen Prüfung war. Viel Spaß beim Lesen!

1. Lernen aus neurodidaktischer Sicht

Weit verbreitet war die Theorie des Nürnberger Trichters. Auf den Kopf des Lernenden gesetzt soll er Wissen in unser Gehirn einfließen

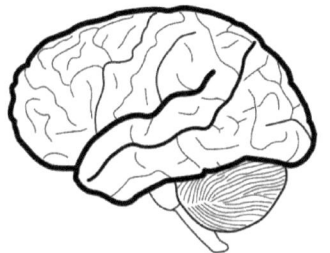

lassen. Darauf sollen dann Reproduktion und Anwendung folgen. Diese einfache Idee des Lernens entspricht leider nicht der Realität.[1] Lernen ist ein komplexer und individueller Vorgang. Jeder Mensch lernt anders. Lernen ist nach wissenschaftlicher Sicht eine Verknüpfung vieler Neuronen. Lernen wir, so entstehen stets neue Verknüpfungen in unserem Gehirn.

Durch Übung entsteht Routine, mit der wir die Inhalte schneller und gezielter abfragen können, heißt, im Gehirn arbeiten die Neuronen effizienter und vernetzter zusammen. Dieses Netzwerk „...beherrscht ganz einfach die richtige Zuordnung aufgrund der richtigen Stärken der Verbindungen zwischen Neuronen. Dieses Können steckt in der Vernetzung der Neuronen und insbesondere in den Stärken der synaptischen Verbindungen zwischen den Neuronen."[2]

---

[1] (Spitzer, 2007), S. 1
[2] (Spitzer, 2007), S. 55

Die Neurodidaktik ist ein noch recht neues Fachgebiet! Sie verknüpft erstmals das bereits bekannte Fachgebiet der Didaktik und den aktuellsten neurologischen Erkenntnissen über Lernprozesse in unserem Gehirn. Kinder sind von Natur aus neugierig, bedeutet also, sie wollen lernen! Unsere Aufgabe als Lehrer ist es ihnen dies zu ermöglichen.

Am besten werden die Emotionen der Kinder angesprochen, denn so lernen sie am effektivsten! Emotionslernen ist neurologisch einfach zu begründen: Das limbische System in unserem Gehirn ist für unsere Emotionen mitverantwortlich. Lernt man also mit Emotionen, so wird das limbische System in unserem Gehirn zusätzlich aktiviert und das Lernen verläuft nachhaltiger. Die verknüpften Emotionen verursachen eine biochemische und strukturelle Umgestaltung der Synapsen.[3] Synapsen sind die Verbindungsstellen zwischen den einzelnen Nervenzellen. Allgemein gilt: Je intensiver der Lernstoff wiederholt wird, desto eher prägt er sich ein, denn damit verknüpfen sich die Nervenzellen auch eher. Doch nicht nur der Input ist wichtig um nachhaltig zu lernen, sondern auch die Pausen dazwischen.

Prof. Dr. Ulrich Herrmann beschreibt lernpsychologische Konsequenzen. Es muss ein optimaler Rhythmus zwischen Anspannung und Entspannung gefunden werden. Lernen wir, so sind wir angespannt, da

---

[3] (Braun, 2009), S. 134

wir die Informationen aufnehmen und sortieren müssen. In der Entspannungsphase werden diese Informationen dann gespeichert. Als Konsequenz folgt daraus, dass dieses in einem lehrerzentrierten Unterricht kaum möglich ist. Beim sogenannten Frontalunterricht stehen die Schülerinnen und Schüler 45 Minuten unter einer Anspannung. Sie nehmen die Unterrichtsinhalte nur passiv auf. Da sie keine Entspannung finden stören manche Schülerinnen und Schüler im Unterricht.[4] Das bedeutet für dich als junger Lehrer, dass du abwechslungsreichen Unterricht anbieten solltest. Natürlich hat der Frontalunterricht auch seine Berechtigung. Wenn der Unterricht mal schnell gehen muss oder wenn eine Klasse noch nicht eigenverantwortlich lernen kann. Aber als Lehrer muss man darauf achten, dass man auch mal größere Erarbeitungsphasen einbaut in denen frei gelernt werden kann. Dies kann im Stationenlernen geschehen oder auch in einer Lerntheke.

Meine persönliche Erfahrung: Eine unruhige Klasse fiel im Frontalunterricht negativ durch viele Unterrichtsstörungen auf. Immer war irgendwo Geschwätz oder Zwischenrufe im Unterricht. Ich dachte mir: mit dieser Klasse kannst du nie ein Stationenlernen durchführen, wie sind die erst dann drauf. Eines Tages wagte ich es trotzdem. Und

---

[4] (Herrmann, Gehirnforschung und die neurodidaktische Revision schulisch organisierten Lehrens und Lernen, 2009), S. 151

siehe da, die Klasse arbeitete konzentriert an den einzelnen Stationen und es war angenehm ruhig. Ich schloss daraus, dass diese Klasse sich mit dem Unterrichtsinhalt viel besser alleine und im Austausch mit Mitschülern auseinandersetzen konnte anstatt mit einer Anleitung frontal von mir. Dies unterstützt die Ergebnisse von Prof. Dr. Ulrich Herrmann.

Das Gehirn arbeitet besser, wenn die Lernumgebung ebenfalls ansprechend gestaltet ist. Das bedeutet, im Biologieunterricht sollte nicht nur der Regenwurm per Text und Bild behandelt werden. Die Schülerinnen und Schüler sollten die Möglichkeit haben einen lebendigen Regenwurm anzufassen.

Auch an diesem Beispiel ist das Lernen mit Emotionen erkennbar. Die Schülerinnen und Schüler fassen den Regenwurm an, egal ob Ekel oder Freude vorherrscht und verknüpfen den ausliegenden Sachtext mit dem Gefühl einen Regenwurm direkt in der Hand beobachten zu können. So wird der Inhalt mit den Emotionen verknüpft und das Lernen ist nachhaltiger als das Lernen nur vom reinen Sachtext aus.

Allein jeder Biologie begreift an dieser Stelle wie komplex unser Gehirn und seine Lernprozesse sind. Als Lehrer sollte man zumindest die Grundlagen der Neurodidaktik verstehen. Denn ein Automechaniker muss auch wissen wie ein Auto funktioniert bevor er daran rumschraubt. Wie soll also ein Lehrer einem Kind etwas beibringen, wenn er nicht weiß, wie das Gehirn lernt? Wer sich weiter mit diesem Thema auseinandersetzen will, <u>dem empfehle ich folgende Literatur:</u>

- *Herrmann, Ulrich (2009).Neurodidaktik-Grundlagen und Vorschläge für ein gehirngerechtes Lehren und Lernen. Beltz Verlag. Weinheim und Basel*
- *Spitzer, Manfred (2006). Lernen: Gehirnforschung und die Schule des Lebens. Spektrum Akademischer Verlag. Heidelberg/Berlin*
- *Caspary, Ralf Hrsg. (2006). Lernen und Gehirn: Der Weg zu einer neuen Pädagogik. Herder Verlag. Freiburg*

2. Innere Differenzierung und ihre Anwendung

Wolfgang Mattes definiert die innere Differenzierung wie folgt:

„*Darunter versteht man die Gesamtheit aller Maßnahmen, die im Unterricht zu einer Individualisierung des Lernens führen. Grundlage … ist die Subjektivität aller Lernprozesse.*"[5]

Differenzierung
- äußere Differenzierung
- innere Differenzierung (=Binnendifferenzierung)

---

[5] (Mattes, Methoden für den Unterricht, 2002), S. 78

Bereits in der Universität lernt man den Begriff der Differenzierung kennen. Man unterscheidet zwischen innerer und äußeren Differenzierung.

Als äußere Differenzierung bezeichnet man die Aufteilung der Schülerinnen und Schüler in Schulformen, Kurse und Klassen. Doch über diese ‚Selektion' wird nach wie vor diskutiert. Ziel der äußeren Differenzierung ist es, leistungshomogenere Klassen / Kurse / Lerngruppen zu erhalten.[6]

Die für uns Lehrer interessantere Differenzierungsart ist aber die innere Differenzierung. Diese spielt sich nämlich im Unterricht selbst ab und diese können wir gezielt im Unterricht einplanen!

Ziel der inneren Differenzierung ist es aber nicht Homogenität im Leistungsstand seitens der Schülerinnen und Schüler zu erzeugen, sondern den Unterricht für die Schülerinnen und Schüler zu individualisieren.[7] Das heißt für den Alltag: Jeder Lerner verfügt über andere Vorkenntnisse über die Unterrichtsinhalte, jeder Lerner verfügt über andere Lernfähigkeiten bzgl. Lerntempo, andere Interessen und natürlich auch andere Lerntypen. Auch dies sollte einem jungen Lehrer nicht ganz neu erscheinen. Diesen individuellen Unterschieden sollte

---

[6] (Hußmann & Prediger, 2007), S. 1
[7] (Hußmann & Prediger, 2007), S. 2

jeder Lehrer gerecht werden, es zumindest versuchen. Unterricht kann natürlich nicht zu 100% individuell ablaufen, denn dann nennt man es Nachhilfe. Unterricht ist für eine Lerngruppe geplant und wird auch in dieser durchgeführt. Doch kann man verschiedene Phasen des Unterrichts bzw. einer Unterrichtssequenz individueller gestalten. Beispielsweise kann man mit einer Klasse zusammen in das Thema „Insekten" einsteigen, anschließend aber eine innere Differenzierung durch verschiedene Niveaus in den Arbeitsblättern erreichen (*Differenzierung nach Leistungsniveau*).

Es gibt aber Situationen im alltäglichen Unterricht die differenzierend wirken, uns aber nicht so bewusst sind. Eine Partner- oder Gruppenarbeit ist ebenfalls eine Methode der inneren Differenzierung. Denn immer, wenn Schülerinnen und Schüler kooperativ Arbeitsaufträge bearbeiten, so tauschen sie ihre Gedanken aus. Das bedeutet, dass in solch einer kooperativen Konstellation  Ideen und Lösungsansätze, auf verschiedenen Leistungsniveaus, mit individuellem Vorwissen ausgetauscht wird. Durch diesen Austausch findet automatisch ein Lernprozess statt, fachlich, aber auch sozialkommunikativ. Fachliche Lernzuwächse sind, denke ich, logisch für jedermann. Tausche ich mich mit anderen Personen über ein bestimmtes Thema aus, lerne ich mit sehr hoher Wahrscheinlichkeit etwas hinzu. Denn entweder ich weiß etwas und lehre andere etwas oder ich werde belehrt, wenn jemand mehr weiß als ich. Der sozialkommunikative Aspekt ist wichtiger denn je. Lange Zeit wurde, meiner Meinung nach, zu sehr auf die Vermittlung von Fachwissen Wert gelegt, die anderen Kompetenzen sind unter den Tisch gefallen. Damit möchte ich nicht die Vermittlung von Fachwissen im Unterricht herunterstufen oder gar als Sekundärziel markieren. Es ist und bleibt das Primärziel des Unterrichts. Heutzutage versuche ich in meinem Unterricht, egal in welchem Fach, natürlich das Fachwissen zu vermitteln, jedoch setze ich auch auf die sozial-kommunikative Kompetenz.

Ein Beispiel aus meinem Biologieunterricht:
In fast jedem Themengebiet von der Klassenstufe 7 bis 10 setze ich als Sicherung des Ergebnisses auf Schülerpräsentationen, egal ob die Erarbeitungsphase in Partner-, Gruppenarbeit oder auch im Stationenlernen stattfand. So erreicht man ohne viel Anstrengung beide Ziele, denn es erfolgt ein Austausch untereinander in der Erarbeitungsphase (**Differenzierung I**) wie eben erwähnt und anschließend durch die Präsentation in der Sicherungssphase (**Differenzierung II**). In der Präsentation vollziehen die Schülerinnen und Schüler einen

Rollenwechsel. Sie wechseln vom Lerner zum Experten und erklären so dem Plenum das fachliche Themengebiet. Gleichzeitig wenden sie aber sozial-kommunikative Elemente an, so z.B. das freie Sprechen, das Sprechen vor Publikum, auf Publikumsfragen eingehen oder auch Selbstevaluation am Ende des Vortrages. Abschließend kann man sagen, dass die fachliche Kompetenz von den Säulen der sozial-kommunikativen Kompetenz getragen wird.

2.1 Geschlossene und offene Differenzierung

Die innere Differenzierung kann man auf zweierlei Weisen aufschlüsseln. Es existiert eine **geschlossene** und eine **offene** Variante der inneren Differenzierung. Bei der geschlossenen Differenzierung erhält jeder Lerner eine auf ihn vom Niveau her zugeschnittene Aufgabe. Bei der offenen Differenzierung wird die Verantwortung des Lernprozesses auf den Lerner übertragen (Selbstdifferenzierung). Der Lerner kann sich unterschiedliche Zugangsweisen selbst aussuchen bzw. sein Niveau selbst bestimmen und anschließend den Lernprozess eigenverantwortlich evaluieren. Allerdings besteht die Gefahr, dass diese offene Differenzierung bei einer noch unerfahrenen Klasse zur Überforderung führt und die Schülerinnen und Schüler ohne Sinn und

Verstand irgendwas bearbeiten, aber dies nicht zum Ziel führt. Wünschenswert ist eine Mischung aus beiden Varianten der inneren Differenzierung, je nach Themengebiet und Erfahrungen mit einer Lerngruppe.[8]

2.2 Differenzierung im Unterricht, aber wie?

Hans Meister stellt in seinem Buch ‚Differenzierung von A-Z' viele Methoden zur Differenzierung vor. Interessant finde ich folgende:

- <u>Differenzierung bei den Hausaufgaben</u>

Gibt man eine verbindliche Hausaufgabe für alle Schülerinnen und Schüler, so wird man schnell die Erfahrung machen, dass einige unterfordert, andere überfordert sind. Hausaufgaben können z.B. im Fach Deutsch nach Zeit differenziert werden. Jeder übt / liest in der Lektüre 20 Minuten. Die schnellen Leser lesen dadurch automatisch mehr, die langsameren Leser eben weniger. Wichtig ist dann, dass der Unterschied durch Vergleichen der Hausaufgaben im Unterricht wieder ausgebügelt wird, sodass die Lektüre im Unterricht wieder

---

[8] (Hußmann & Prediger, 2007), S. 2

weitergelesen werden kann, ohne dass jemand Lücken am Ende des Buches aufweist.

Eine andere Form sind die Zusatzaufgaben. Man verlangt von den Schülerinnen und Schüler gewisse Pflichthausaufgaben und freiwilligen Zusatzaufgaben. Diese könnten in der Folgestunde von den Leistungsstärkeren an der Tafel erklärt werden.

Aber auch Wahlmöglichkeiten sind eine gute Alternative, diese verwende ich häufig in meinem Mathematikunterricht. Es werden Nummern aus dem Buch benannt die erledigt werden sollen, jedoch kann man eine bestimmte Anzahl an Aufgaben innerhalb dieser Nummer festlegen und wählen lassen (z.B. ihr erledigt Nr. 3 und Nr. 4 bis morgen, ihr wählt euch fünf Aufgaben aus Nr. 3 aus und drei Aufgaben aus Nr. 4).

Aufwendiger für den Lehrer ist, wenn man die Hausaufgaben einzelnen Schülerinnen und Schüler ihrem individuellen Lernstand anpasst (Peter macht die Nr. 3 a und b, Susi macht die Nr. 3 c und d). Dieser Zeitaufwand ist allerdings in meinen Augen nicht täglich zu leisten, denn man hat ja mehrere Klassen und nicht nur eine. [9]

---

[9] (Meister, 2007), S. 47

- <u>Darstellungshilfen als Differenzierungsmaßnahme</u>

Wir wissen, dass jeder Mensch einen eigenen Lerntyp besitzt. Darstellungshilfen können im Unterricht als Medium helfen komplizierte Sachverhalte anschaulich zu vermitteln. Jetzt sind aber nicht nur Diagramme, Skizzen, Modelle oder Tafelanschriebe gemeint, sondern auch Realobjekte. Das bedeutet, nicht nur über die Spinne im Biologieunterricht reden, sondern auch mitbringen, beobachten und anfassen! Durch diesen Kontakt werden die Emotionen der Schülerinnen und Schüler aktiviert und mit dem (sonst so) trockenen Fachinhalt verknüpft wahrgenommen (→ nachhaltiges Lernen). [10]

- <u>Differenzierung nach dem „Think-Pair-Share"-Prinzip</u>

Dieses Prinzip habe ich bereits an der Universität in einem Referat von mir vorgestellt. Doch nach diesem Referat habe ich diese Methode wieder komplett vergessen. Erst im Referendariat haben wir dieses Prinzip in den Seminaren erneut behandelt, doch unter dem englischen Begriff des „<u>Think-Pair-Share</u>", in der Literatur findet man aber auch die deutsche Bezeichnung „Ich-Du-Wir". Doch egal ob deutsch oder englisch: Diese Differenzierungsmethode ist zu einem festen Bestandteil meines Repertoires geworden, egal ob im Einstieg

---

[10] (Meister, 2007), S. 43

oder in der Erarbeitung eines Themengebietes. Doch was besagt dieses Prinzip nun?

Zunächst folgendes: Du bist Lehrer für Biologie in der Klassenstufe 9 und willst in das Thema „Sinne und Sinnesorgane" beginnen. Als Einstieg legst du eine Folie mit verschiedenen Bildern auf (Auge, Nase, …). Der Einstieg soll als stummer Impuls auf die Klasse wirken. Nach wenigen Sekunden melden sich bereits die ersten Schülerinnen und Schüler und erzählen was sie sehen und was sie mit den Bildern verbinden. Am Ende zieht ihr das Fazit: Es geht um die Sinne. Nun die Frage: Welche Schülerinnen und Schüler zeigen kurz nach der Einblendung der Folie auf? Die leistungsstarken Schülerinnen und Schüler zeigen auf, die leistungsschwächeren Schülerinnen und Schüler bleiben auf der Strecke und haben keine Chance etwas im Einstieg beizutragen.

Doch wie kann man allen Schülerinnen und Schüler gerecht werden? Dazu dient das Think-Pair-Share Prinzip. Du änderst den Einstieg wie folgt:

Du legst die Folie auf, doch bevor sich die Schülerinnen und Schüler melden gibst du folgenden Arbeitsauftrag:

> **Schritt 1:** Jeder schaut sich nun die Bilder auf der Folie an und macht sich evtl. Notizen.
>
> **Schritt2:** Anschließend tauscht ihr euch mit eurem Partner über die Bilder auf der Folie aus.
>
> **Schritt 3:** Am Schluss tauschen wir uns im Klassenverband aus.

Doch was ändert nun dieser Dreischritt? Im ersten Schritt soll sich jeder Lerner für sich seine Gedanken zu den Bildern machen. Du musst darauf achten, dass zwischen den Schülerinnen und Schüler keinerlei Kommunikation stattfindet. Denn in dieser Phase ist es wichtig, dass jeder selbstständig sein individuelles Vorwissen findet und Zusammenhänge herstellt.

Im zweiten Schritt tauschen sich die Schülerinnen und Schüler nun mit ihrem Partner aus. Ein Partner beginnt nun seine Vorkenntnisse und deren Verknüpfung mit den Bildern zu erzählen, anschließend der andere Partner. So sind beide in der Lage ihre Gedanken und Lösungsvorschläge miteinander zu vergleichen, beide Partner ergänzen sich (→ Differenzierung!).

Im dritten Schritt steht der Austausch im Klassenverband im Mittelpunkt. Hier werden nun aber auch die leistungsschwächeren Schülerinnen und Schüler aufzeigen und ihre Ideen einbringen können, nicht wie vorhin nur die Leistungsträger der Klasse.

Allein dadurch, dass alle die Möglichkeit hatten sich zunächst selbst im Thema zu finden und sich mit dem Partner auszutauschen, bereitet alle Schülerinnen und Schüler gleichermaßen auf das Gespräch im Klassenverband vor. Du kannst sicher sein, dass mit dieser Methode viel mehr Ideen bereits im Einstieg einfließen! Doch nicht nur für den Einstieg, auch für einfache Bearbeitungen von Sachtexten oder bei der Hausaufgabenbesprechung setze ich diese Methode ein. Bevor die Texte oder die Hausaufgabe in der Klasse besprochen werden, vergleichen die Schülerinnen und Schüler zuerst die Lösungen mit ihrem Partner und erlangen so die Sicherheit, die sie bei der Besprechung im Klassenverband benötigen.

Meiner Meinung nach ist diese Dreischritt-Methode nur ein kleiner Baustein, der aber positive Auswirkungen auf den gesamten Unterricht hat! Und viel mehr Arbeit für den Lehrer ist es auch nicht![11]

---

[11] (Meier, 2016)

- <u>Innere Differenzierung in einer Klassenarbeit?</u>

Innere Differenzierung ist nicht nur im alltäglichen Unterricht möglich, sondern auch in Klassenarbeiten. Dies erscheint zunächst widersprüchlich, denn man verlangt in einer Klassenarbeit doch von allen Schülerinnen und Schüler das gleiche Fachwissen, warum also hier differenzieren? Und wie?

Erste Erfahrungen habe ich damit bereits in meinem Referendariat gemacht. Es gibt verschiedene Möglichkeiten innerhalb einer Klassenarbeit zu differenzieren. Ich stelle zunächst meine bereits durchgeführten Methoden vor.

1. **<u>Es gibt Bonusaufgaben</u>**

Diese Differenzierungsmethode ist die wohl einfachste in einer Klassenarbeit, denn alles was man tun muss ist eine weitere Aufgabe an

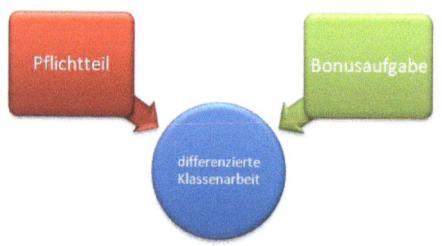

die Pflichtaufgaben dranzuhängen. So können auch Schülerinnen und Schüler bei dieser Bonusaufgabe Punkte hinzuverdienen, denn diese Aufgabe ist nicht Teil der Gesamtpunktzahl. So kann in einer Mathematikarbeit eine weiterführende Aufgabe angehängt werden oder auch eine Grundwissenaufgabe. Natürlich können auch mehrere Bonusaufgaben in einer Klassenarbeit enthalten sein. Ich habe sehr gute Erfahrungen mit diesem Aufbau einer Mathematikarbeit gehabt und werde dieses System auch weiter fortführen. Es verleiht den Schülerinnen und Schüler auch Sicherheit, so berichteten meine Klassen. Denn wenn man eine Pflichtaufgabe nicht schafft, so kann man mindestens einen Teil der Punkte durch eine Bonusaufgabe wieder herausreißen. Auch vom Aufwand her ist diese Art der Differenzierung sehr angenehm.

Diese Differenzierung ist aber auch im Nachhinein noch durchführbar. Fällt eine Arbeit zu schlecht aus, weil man beispielsweise eine Klasse viel besser eingeschätzt hat oder die Schülerinnen und Schüler doch mehr Zeit an einer Aufgabe benötigten als man dachte, so kann man auch im Nachhinein eine Aufgabe aus dem Pflichtteil als Bonusaufgabe deklarieren und so den Schnitt der Klassenarbeit beeinflussen.

2. <u>Punkteverlust durch Spicken</u>

Eine weitere Form der Differenzierung mit der ich positive Erfahrungen im Fach Mathematik auf dem Themengebiet der Körperberechnungen gemacht habe! In dieser Klassenarbeit sollten die Schülerinnen und Schüler die Formeln u.a. für die Berechnung des Volumens des Kegels auswendig kennen und anwenden. Doch einige leistungsschwächere Schülerinnen und Schüler hatten während dieser Klassenarbeit einen totalen Blackout, da sie bisher nur schlechte Erfahrungen in Klassenarbeiten gemacht haben. Diese Panik kam während dieser Klassenarbeit wieder hoch und vernebelte den mathematischen Verstand, sodass sie die Formeln nicht aus dem Gedächtnis abrufen konnten. Ich wollte aus diesen Erfahrungen lernen und versuchte eine Lösung für dieses Problem zu finden. Auf einer Mathematik-Fachtagung haben wir dann eine Lösung gefunden. Diese Lösung wendete ich nun auf eine andere Zehnerklasse an.

Ich erzählte den Schülerinnen und Schüler wenige Tage vor der Klassenarbeit welche Erfahrungen ich mit den letzten Zehnern hatte und machte ihnen folgendes Angebot. Ich schreibe die Formeln, die für die Klassenarbeit benötigt werden, hinter die Tafel. Wer eine Formel vergisst, darf nach vorne kommen und hinter der Tafel nachsehen. Die Schülerinnen und Schüler dürfen aber immer nur einzeln nach vorne treten. Ich schreibe mir den Namen des ‚spickenden' Schülers auf und ziehe ihm eine bestimmte Punktzahl der Gesamtpunktzahl ab, nämlich die Punkte, die ich für die Formel vom Schüler gegeben hätte. Bepunktet wird nur noch die eigentliche Rechnung. Geht ein Schüler mehrmals nach vorne, so muss natürlich mehrfach subtrahiert werden.

Diese Methode der Differenzierung bietet folgende Vorteile: Wenig Aufwand für dich als Lehrer und Sicherheit für die Schülerinnen und Schüler. Denn diese wissen: Wenn ich die Formel vergesse, kann ich nachgucken. Allein dieses Gefühl löst mathematische Beklemmungen. Nun könnte man denken, da kommt jeder Zweite nach vorne gerannt und will nachschauen. Dem kann ich nur widersprechen. Ich benutzte diese Methode bereits in mehreren Klassenarbeiten und ich kam pro Klasse auf nur durchschnittlich zwei bis drei Schülerinnen und Schüler. Das zeigt mir, dass dieses Gefühl von Sicherheit sich massiv auf die kognitiven Fähigkeiten auswirkt!

Mittlerweile habe ich noch eine Abwandlung erfolgreich getestet. Im Unterricht wurden zuvor Formelsammlungen mit allen relevanten Formeln für die Klassenarbeit zusammengeschrieben. Dies kann man wunderbar in Partnerarbeit oder im Unterrichtsgespräch machen (lassen). Jeder Schüler, der seine Formelsammlung in der Klassenarbeit nutzen will, bekommt pro Aufgabe die Punkte abgezogen, die das Hinschreiben der Formel ergeben hätte. So spart man sich die Rennerei zur Tafel in der Klassenarbeit.

Ich nenne hier an dieser Stelle nun noch eine weitere Differenzierungsmethode in einer Klassenarbeit. Diese habe ich allerdings selbst noch nicht angewandt, zumindest nicht bei Schülerinnen und Schüler, sondern nur auf Konferenzen und Fachtagungen. Man teilt eine Klassenarbeit in zwei oder drei Niveaus, am besten nimmt man das Blatt dazu quer. Die Schülerinnen und Schüler können nun ihre eigene Klassenarbeit zusammenstellen. Sie können aus jeder Spalte Aufgaben wählen. Sie bearbeiten eine leichte, mittlere oder schwere Aufgabe 1, dann eine leichte, mittlere oder schwere Aufgabe 2 usw., sodass jeder Schüler am Ende eine Aufgabe pro Nummer hat. Nun ist denke ich jedem klar, dass man Schülerinnen und Schüler nicht unvorbereitet auf solch eine Klassenarbeit loslassen kann. Die Schülerinnen und Schüler müssen diese Methode bereits im „normalen" Unterricht kennengelernt haben. Sinnvoll ist es Arbeitsblätter im Mathematikunterricht im Vorhinein genauso differenziert aufzubauen. Dies vermittelt auch wieder das Gefühl von Sicherheit.

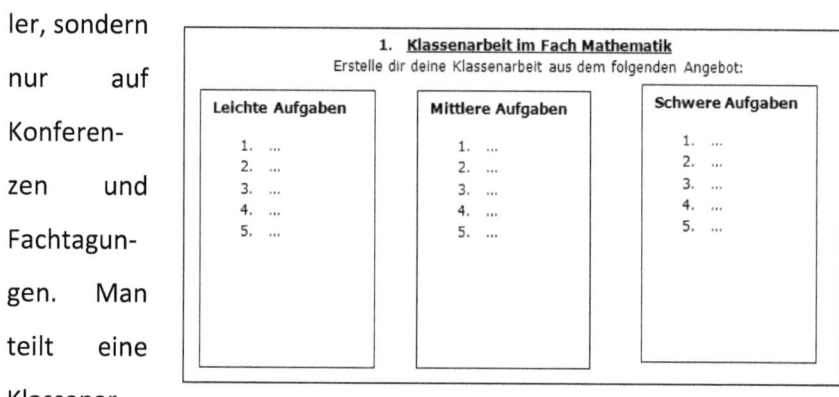

Vorteil dieser Methode: Ein hohes Maß an offener Differenzierung. Der Schüler ist selbst für seine Klassenarbeit verantwortlich! Er wählt aus vorgegebenen Niveaus aus und bearbeitet das, was zu seinem Leistungsniveau passt. Hat man eine Lerngruppe, deren Selbsteinschätzungsvermögen bzgl. Leistungsniveaus noch nicht ausgeprägt sind oder die im eigenverantwortlichen Lernen nicht ausreichend trainiert sind, so werden sich diese Schülerinnen und Schüler hilflos verzetteln in solch einer Arbeit.

Aber auch Nachteile bei der Korrektur und der Planung solch einer Klassenarbeit sind natürlich zu verzeichnen. Denn anstatt fünf Aufgaben muss man so zehn oder fünfzehn zusammenstellen, je nach Spaltenanzahl. Und auch über die Bepunktung der einzelnen Aufgaben muss man sich viel mehr Gedanken im Vorhinein machen. Denn was passiert, wenn ein Schüler nur die leichte Spalte erledigt und die mittlere und schweren Aufgaben überhaupt nicht bearbeitet? Klar ist doch, dass dieser Schüler keine Note „sehr gut" verdient hat. Über eine Note „gut" kann man ebenfalls streiten. Du siehst, hier öffnet sich der Differenzierungsgrad sehr, aber auch die Vorarbeit für den Lehrer wird aufwendiger. Ich habe mir aber vorgenommen, diese Art in naher Zukunft doch einmal auszuprobieren!

Fazit: Es gibt viele Methoden um im täglichen Unterricht zu differenzieren. Aus eigener Erfahrung weiß ich, dass man vieles im Referendariat dazu lernt, aber auch vieles wieder vergisst. Doch findet man einige (auch hier genannten) Methoden passend für seinen täglichen Unterricht und setzt diese konsequent ein, so ist das nur eine Frage der Zeit, wann dies Routine wird. Und wenn diese Differenzierungsmethoden, seien sie auch noch so klein und einfach, für dich Alltag werden, dann ist bereits viel erreicht!

3. Arbeitsblätter und Arbeitsaufträge erstellen

Welcher Lehrer kennt das nicht? Du bearbeitest mit deiner Klasse ein Themengebiet, aber die Aufgaben im Buch bzw. der Infotext sind nicht nach deinem Geschmack. Die Lösung: Du erstellst ein Arbeitsblatt mit Arbeitsaufträgen. Doch auch hier gibt es nach meiner bisherigen Erfahrung riesige Unterschiede. Als Schüler kannte ich meist nur langweilige schwarz-weiß Kopien mit undeutlicher Schrift, langem Text und unklaren Arbeitsaufträgen.

Fazit: Man wusste nicht was das soll und es hat einen dazu noch gelangweilt. Doch wie sehen gute Arbeitsaufträge aus? Wie erscheinen Arbeitsblätter nicht mehr langweilig und führen zum Ziel?

3.1 Was sind gute Arbeitsaufträge?

Für mich als Lehrer ist ein guter Arbeitsauftrag, wenn die Schülerinnen und Schüler ihn beim erstem Lesen verstehen und anfangen zu arbeiten, ohne viel nachzufragen. Ein Schlagwort ist damit unzertrennlich: **Zieltransparenz**. Zieltransparenz bedeutet, dass die Schülerinnen und Schüler erkennen, wie sie etwas erarbeiten sollen und mit welchem Ziel. Und genau diese Zieltransparenz muss bereits aus den Arbeitsaufträgen ersichtlich sein. Jetzt kann man den Fehler machen und sehr detailliert und kleinschrittig die Aufträge beschreiben. Doch stell dir vor du arbeitest in einer Firma und ein Chef erteilt dir deine Arbeitsaufträge in diesem Stil. Du kommst dir doch mit der Zeit bestimmt blöd vor. Deshalb: Hüte dich davor Arbeitsaufträge zu detailliert zu formulieren. Eine weitere Folge ist, dass die Selbständigkeit der Schülerinnen und Schüler eingeschränkt wird, denn sie müssen ja nur noch deine kleinschrittige Liste abarbeiten ohne viel nachzudenken oder sie verlieren durch die vielen Sätze einfach den Überblick über die Aufgaben und wissen am Ende überhaupt nicht mehr was sie tun sollen (→ kontraproduktiv).

Doch wie kann man nun Arbeitsaufträge optimal formulieren. Dazu stellt Thomas Unruh in seinem Buch[12] einfache Regeln auf, an die ich

---
[12] (Unruh, 2007)

mich auch in meinem Unterricht versuche zu halten. Einige möchte ich hier zusammenfassen.

Damit die Schülerinnen und Schüler auch wissen was sie tun sollen und nicht zehnmal nachfragen gilt: **wenig sagen**. Dies scheint auf den ersten Blick nicht logisch. Viele Lehrer und Lehramtsanwärter versuchen möglichst detailliert und in vielen Sätzen Arbeitsaufträge zu formulieren. Denn, wer mehr Informationen hat, hält sich genauer dran. Falsch! Hier ist oft weniger mehr! Denn wie oben bereits erwähnt, werden häufig die Schülerinnen und Schüler durch viele Anweisungen nur verunsichert und verwirrt!

Doch nicht nur wenig sagen schafft Zieltransparenz, sondern auch das Einbauen von sogenannten **Ankerbegriffen**. Thomas Unruh bezeichnet so prägnante Wörter, die die Anweisung präzise und merkbar auf den Punkt bringen (z.B. Höre zu!, Schreibe!). Doch du solltest nicht nur solche Begriffe verwenden, sondern auch visualisieren. So kann man vor die Arbeitsaufträge auch jeweils ein Bild setzen, dass den Ankerbegriff beinhaltet.

Beispiel:

Schreibe die Informationen heraus, die dir etwas über die Nahrungsgewohnheit der Stabschrecke verrät.

Allein der Stift vor dem Arbeitsauftrag visualisiert den Schülerinnen und Schüler was sie nun tun sollen und schafft Klarheit.

Der aufmerksame Leser weiß an dieser Stelle noch was „Think-Pair-Share" bedeutet. Ich habe erwähnt, dass ich diese Methode oft an in Einstiegen, aber auch auf Arbeitsblättern verwende. Hier ein Beispiel: Durch die Anzahl der Smileys vor den jeweiligen Arbeitsaufträgen werden zwar keine Ankerbegriffe vermittelt, aber die Methode selbst.

> ☺ Versuche einen Term zu finden, der dir das Rückgeld ausgibt!
> ☺☺ Vergleiche deinen Term mit dem Term deines Partners!
> ☺☺☺ Wir sammeln eure Terme nun an der Tafel!

Meine Schülerinnen und Schüler wissen, dass sie bei vielen Arbeitsaufträgen zunächst alleine einen Lösungsweg finden müssen, anschließend der Vergleich mit dem Partner und dann die Besprechung im Klassenplenum (vgl. 2.2).

Als weitere Empfehlung kann man festhalten: Immer **ein Beispiel angeben**. Das kann man auch wieder als eine Mini-Differenzierungsmaßnahme ansehen. Schülerinnen und Schüler die nicht wissen wie eine Aufgabe zu erledigen ist können sich am Beispiel orientieren.

Was macht man in einer Klasse in der du sichergehen willst, dass sie alle Arbeitsaufträge verstanden hat? Natürlich: Du lässt die Arbeitsaufträge wiederholen. Doch du solltest dich nicht dran gewöhnen dies jedes Mal zu tun. Denn deine Schülerinnen und Schüler gewöhnen sich ebenfalls daran und nach einiger Zeit herrscht Unaufmerksamkeit, wenn du Arbeitsaufträge erteilst. Deshalb gilt: **Arbeitsaufträge nicht immer wiederholen** lassen.

Als junger Lehrer hat man es am Anfang schwer, wenn es um die Zeitvorgaben für Arbeitsaufträge geht. Entweder man teilt zu viel Zeit ein, dann hat man hinterher Unruhe in der Klasse. Oder man teilt zu wenig Zeit ein, dann meckern die Schülerinnen und Schüler. Das ist eines der vielen Dinge, die man nach einiger Zeit unter Erfahrung abstempeln kann. Doch Thomas Unruh empfiehlt: **Knappe Zeitvorgaben**.

Man darf Schülerinnen und Schülern niemals signalisieren, dass sie viel Zeit haben, denn dann nimmt intensives Arbeitsverhalten stark ab und die Gespräche über Hobbys und Freizeit fangen an. Seitdem wähle ich auch bewusst knappe Zeitvorgaben, denn verlängern kann man schließlich immer noch! Da wir schon bei Zeitangaben sind möchte ich folgendes erwähnen: Ich habe festgestellt, dass viele Schülerinnen und Schüler innerhalb von schriftlichen Überprüfungen nicht mit der Zeit umgehen können. Sie verheddern sich innerhalb verschiedenster Aufgaben, denken zu kompliziert und verschwenden kostbare Zeit. Im Unterricht sollte man ab und zu bewusst auf Zeitangaben achten, denn so kann das *Zeitmanagement* der Schülerinnen und Schüler trainiert werden. Oder man lässt die Schülerinnen und Schüler aufschreiben wie lange sie an einer Aufgabe gesessen haben und vergleicht diese Zeit mit den Hausaufgaben. Auch empfehle ich vielen Schülerinnen und Schüler bzw. den Eltern/Erziehungsberechtigten am Elternsprechtag, dass sie mit ihren Kindern bewusst verschiedene Aufgaben in kurzer Zeit vor Klassenarbeiten einüben sollten.

Als ich während meiner Ausbildung zum Realschullehrer auch ein Grundschulpraktikum absolvieren musste fiel mir eins direkt auf: Die Arbeitsanweisungen der Lehrerin waren nicht wie ich es bisher kannte allgemein zur Klasse (Ihr sollt....Ihr macht bitte...), sondern individueller auf jeden Einzelnen formuliert (Du machst bitte...Du kannst dabei.....). Ich saß hinten und hospitierte mit einer Anwärterkollegin und wir schauten uns an. Keiner von uns hatte sowas selbst im eigenen Unterricht probiert.

Nachher fragten wir die Lehrerin ob sie die Klasse immer mit **Du-Anweisungen** bedient. Ihre Erfahrungen waren positiv! Sie meinte, dadurch fühlt sich jeder in der Klasse angesprochen und die Schülerinnen und Schüler wären dadurch aufmerksamer, als bei einer allgemeinen **Ihr-Anweisung**. Du kannst es gerne mal ausprobieren. Ich persönlich finde es interessant mal gesehen zu haben, aber ich persönlich denke, dass man in der weiterführenden Schule eher komisch angesehen wird. Bei Grundschülern denke ich passt es!

3.2 Was macht ein gutes Arbeitsblatt aus?

Ob Schülerinnen und Schüler motiviert sind am Unterrichtsgeschehen mitzuarbeiten oder auch nicht hängt auch von hintergründigen Faktoren ab. Oft ist einem nicht bewusst, dass z.B. die Gliederung des Arbeitsblattes oder die Formulierung der Arbeitsaufträge eine große Auswirkung auf den Unterrichtsverlauf hat. Ein gutes Arbeitsblatt hat eine **übersichtliche Gliederung** und **zieltransparente** Arbeitsaufträge (siehe Kapitel 3.1.). Diese fundamentalen Grundkenntnisse wurden bei uns bereits im Referendariat behandelt. Aber auch in der folgenden Zeit als Junglehrer, die natürlich noch anhält, ist dies im Unterricht erkennbar.

Natürlich sind die Schülerinnen und Schüler von farbigen Arbeitsblättern angetan. Allein der Anblick der farbigen Bilder oder auch eingefärbten Sätze lässt Schüleraugen größer werden und den Mund erstrahlen. Vor allem im Referendariat druckt man übermäßig viele farbige Arbeitsblätter, für Unterrichtsbesuche und Lehrproben, da man ja auch etwas „angeben" will.

Dennoch gilt, farbige Arbeitsblätter sind nicht immer so vorteilhaft wie eben ausgeführt (für Mathematiker: bunt≠gut). Auch sollte man bedenken, dass mit voller Stundenzahl und vielen Klassen im Lehreralltag farbige Arbeitsblätter sehr aufs Geld gehen. Das soll jetzt aber nicht heißen, dass nach dem Referendariat nie wieder farbig gedruckt werden soll.

Da wo Farbe die Zieltransparenz und den Sinn des Arbeitsblattes unterstreicht, zur Methode beiträgt oder auch zur Differenzierung der verschiedenen Schwierigkeitsgrade ist meiner Ansicht nach sogar ein farbiges Arbeitsblatt sinnvoller. Du solltest also den Kosten-Nutzen-Faktor für dich erkennen.

Auch solltest du dir folgende Fragen stellen, bevor du ein Arbeitsblatt konzipierst. Ist dieses Arbeitsblatt wirklich notwendig? Es ist quatsch ein Arbeitsblatt zu erstellen, wenn ein Infotext oder die Arbeitsaufträge im Buch zu finden sind. Welche Kompetenzen will ich fördern mit diesem Arbeitsblatt? Nur das Fachwissen oder auch Methodentraining / Sozialkompetenz? Und am Ende, wie gestalte ich dieses Arbeitsblatt denn nun, damit meine Planungen zum Ziel führen.

Ich stelle dies in einem „Dreiklang" dar. Man kann sich diese drei zentralen Fragen auch als Treppe vorstellen:

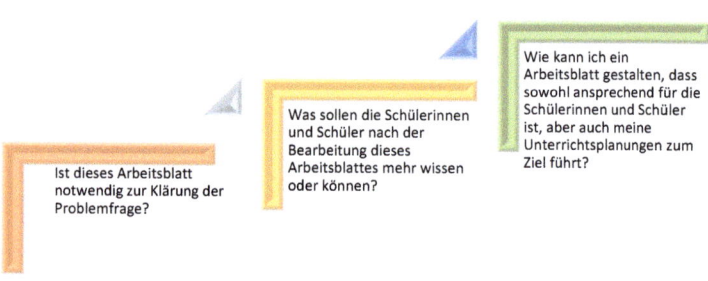

Ein Arbeitsblatt sollte (meiner Erfahrung nach) eine klare Überschrift (Titel oder Problemfrage) haben. Aus der Überschrift muss den Schülerinnen und Schülern direkt das Thema oder das zu lösende Problem klar werden. Also anstatt „Der Regenwurm", was zu allgemein formuliert ist, wäre es sinnvoller „Der Regenwurm ist an das Leben unter der Erde angepasst" zu schreiben. So wissen die Schülerinnen und Schüler direkt, im folgenden Infotext und in dieser Stunde geht es um die Anpassungen des Regenwurmes an das Leben unter der Erde und nicht um die Fortpflanzung oder die inneren Organe. Auch als Frage „Wie ist der Regenwurm an das Leben unter der Erde angepasst?" ist es für die Schülerinnen und Schüler einfacher zu verstehen. Unter der

Überschrift sollte eine passende Abbildung erscheinen (mit Quellenangabe). Eine Abbildung kann sehr hilfreich für leistungsschwächere Schülerinnen und Schüler sein, sie kann aber auch einen Bezug zu den Aufgaben haben. Unter der Überschrift kannst du aber auch noch (wenn nötig) kurze Infos oder Erläuterungen hinzufügen. Z.B. „Für dieses Arbeitsblatt hast du fünf Minuten Zeit" oder „Klebe dieses Arbeitsblatt zuhause ein".

Anschließend kommt der Hauptteil, der beinhaltet den Informationstext. Dieser sollte nicht aus drei Sätzen bestehen, sondern schon so groß sein, dass eine Texterarbeitung möglich ist. Die Schülerinnen und Schüler (nicht du!) müssen den Text zusammenfassen und auf die wichtigen Informationen, die zur Klärung der Problemfrage benötigt werden, reduzieren können. Damit sie das können, müssen die Arbeitsaufträge wieder klar formuliert sein. In den Arbeitsaufträgen sollte ein Durchlaufen der Ebenen erkennbar sein. Der Text muss allen Schülerinnen und Schülern klar sein, Rückfragen unbedingt klären. Dann kommt die Reproduktion des Inhalts, dieser muss verarbeitet werden (Antworten finden, herausschreiben etc.)

Zuletzt, wenn die Antworten in Einzel-, Partner- oder Gruppenarbeit aus dem Text gefunden und herausgeschrieben wurden, kommt der Transfer. Die Schülerinnen und Schüler müssen nun erkennen, wozu benötige ich das Wissen (im Alltag)? Das sollte auch aus dem Arbeitsblatt verständlich gefolgert werden können. Sind alle diese Bedingungen erfüllt, so hat das Arbeitsblatt ebenfalls seinen Zweck erfüllt!

Muster zur Erstellung eines zieltransparenten Arbeitsblattes

Titel/Problemfrage

Evtl. Allgemeine Infos, kurze Erläuterung

Informationstext

- ✓ Dieser sollte aber nicht zu kurz sein, sonst lohnt sich das Arbeitsblatt nicht.
- ✓ Auch sollte er lang genug sein, damit ihn Schülerinnen und Schüler zusammenfassen können (Texterarbeitung muss möglich sein)
- ✓ Natürlich sollte immer die Quelle angegeben werden.

Zieltransparente Arbeitsaufträge

Diese sollten zunächst über die Verständnisebene, dann über die Verarbeitungsebene und zuletzt auf eine Anwendungsebene führen.

Also kurz:

1. Ist alles klar?
2. Was stehen für Informationen im Text, die für unsere Klärung der Problemfrage wichtig sind?
3. Wozu benötige ich das Wissen (im Alltag)?

4. Plötzlich Klassenlehrer

Meine erste eigene Klasse war eine siebte Klasse und ich „erbte" sie kurz nach den Prüfungen des zweiten Staatsexamens, also zum zweiten Schulhalbjahr. Es waren 28 Schülerinnen und Schüler, mitten in der Pubertät. Ich kannte die Klasse zwar schon seit einem halben Jahr aus dem Fach Biologie, dennoch fühlte ich mich nun in der neuen Funktion als Klassenlehrer nicht sehr sicher. Langsam tastete ich mich an die ersten Aufgaben heran: Klassenbuchführung, Klassenkasse, die erste Klassenfahrt stand schon bald an und und und.
Natürlich ist es etwas anderes eine siebte Klasse zu erben oder eine fünfte Klasse neu zugeteilt zu bekommen. Die neue fünfte Klasse hat man seit dem Bestehen der Klasse, als Lehrperson der erste Bezug in dieser großen neuen Schule mit vielen Unbekannten. Die Siebener sind meist schon vorgeprägt durch die Vorgänger-Klassenlehrer. Hier war eine Umerziehung sehr mühselig und schwer. Das die Schülerinnen und Schüler aber Grenzen austesten ist in allen Klassenstufen so, egal ob fünf, sieben oder neun. Meine ersten Erfahrungen als Klassenlehrer möchte ich dennoch schildern.

Zunächst musste ich mir selbst ein System erarbeiten wie ich mit Klassengeschäften (Einträge im Klassenbuch, Einsammeln von Entschuldigungen und der Klassenkasse, ...) organisatorisch umgehe. Mein

Problem war damals: Ich hatte keine Klassenleiterstunde zur Verfügung, diese existierten (bei uns) nicht außerhalb der Orientierungsstufe (wurde mittlerweile geändert). Das heißt, ich musste die gesamten organisatorischen Geschäfte in meinen (sowieso schon) knapp bemessenen Fachstunden durchführen. In der Klassenstufe sieben ging dies noch einfach, ich hatte sechs Fachstunden in meiner eigenen Klasse (Biologie und Mathematik). Da es aber in der achten Klasse kein Fach Biologie mehr gibt, hatte ich nur noch vier Stunden Mathematik in meiner eigenen Klasse und musste das gesamte Organisatorische in diesen vier Stunden neben der Mathematik mit meiner Klasse klären.

Wenn dann noch die Klärung von Klassenbucheinträgen von Fachkollegen in meiner Klasse oder ein Wandertag dazwischenkommt, kann man die Fachstunde schon fast ganz vergessen. Deshalb habe ich hier nach einigen Wochen versucht ein Schema einzuhalten. Von einer 45 minütigen Fachstunde habe ich mir Grenzen gesetzt: Maximal zehn Minuten zur Disziplin und Organisation!

Der Rest der Stunde ist dem Fach Mathematik zugeordnet. Zwei Sätze oben drüber schrieb ich „versucht". Natürlich war dieses Schema nicht immer einhaltbar. Es kommen im Lehreralltag so viele Geschehnisse dazwischen. Es muss nur ein schwerwiegender Klassenbucheintrag sein, der innerhalb der Klasse geklärt werden muss, das bringt dir dein Schema durcheinander. Es kam auch schon mal vor, dass wir in einer Stunde überhaupt keine Mathematik, sondern nur die Organisation eines Wandertages behandelten. An dieser Stelle muss man als Fachlehrer versuchen so viel wie möglich mit Hausaufgaben zu kompensieren. Aber wie gesagt, das ist Alltag. Bei den folgenden Wandertagen habe ich es anders gehandhabt. Ich habe soviel wie möglich von der Organisation den Schülerinnen und Schülern als Hausaufgabe aufgegeben. Wohin geht's zum Wandertag? Wünsche? Kritik? Alles sollte zuhause von jedem Einzelnen vorbereitet werden, sodass innerhalb der Fachstunde nur noch Kleinigkeiten geklärt werden müssen. Dies kann ich nur jedem Kollegen empfehlen so zu handhaben, sonst wird das eine Endlosschleife.

4.1. Die Wahl des Klassensprechers

Die Klassensprecherwahl erfolgt in den ersten Tagen nach Beginn des neuen Schuljahres. Diese durchzuführen ist eigentlich einfach. Neuen Klassen solltest du allerdings ein paar Tage zum Kennenlernen geben bevor sie jemanden wählen. In meiner Klasse war das nicht der Fall, sie kannten sich ja bereits seit der Klassenstufe sieben, in der achten war die Wahl des Klassensprechers deshalb am ersten Schultag nach den Sommerferien. Allerdings merkte ich schnell, dass die Schülerinnen und Schüler diese Wahl nicht ganz ernst nahmen. Sie präsentierten mir zwei Kandidaten, die durch diese neue Funktion anderen

Schülern Vorteile verschaffen sollten (z.B. als Anwalt von „Störenfrieden, ..."). Es gab sehr viele solcher Störenfriede in dieser Klasse deren Ziel es war Lehrer zu provozierten und gegeneinander auszuspielen. Und wenn sich genau diese plötzlich zur Wahl stellten muss man misstrauisch werden.

Ich klärte die Kandidaten nochmals über die Aufgaben eines Klassensprechers auf und dass sie das Amt bitte ernst nehmen sollten! Sie versprachen es und die Wahl fand statt. Ich trug beide Namen ins Klassenbuch ein, dort ist ein extra Feld für die Namen der Klassensprecher. Gewählt wird jedes Halbjahr. Ich hatte im zweiten Halbjahr andere Klassensprecher, da mein Bauchgefühl vom ersten Halbjahr sich bewahrheitete. Sie waren zwar in der Funktion der Klassensprecher bzw. Stellvertreter, aber ließen sich kaum in SV-Versammlungen blicken, störten weiterhin den Unterricht und stellten sich immer auf die Seite der anderen Störenfriede.

Das war in meinen Augen absolut nichts Vertrauenswürdiges. Aus diesem Grund war ich froh im zweiten Halbjahr neue und zuverlässige Sprecher zu haben! Aus heutiger Sicht würde ich die Wahl sofort wiederholen bei kleinsten Verstößen gegen den Schul- oder Klassenfrieden! Damals wartete ich blauäugig ab.

Wieder einige Jahre später betrachtete ich die Klassensprecher nicht mehr als Sprecher und Stellvertreter, sondern als eine Art Team. In den letzten Jahren mache ich es wie folgt:

Es werden zwei Personen gewählt, die Person mit den meisten Stimmen ist offiziell der Klassensprecher, die Person anderen Geschlechts mit den meisten Stimmen ist offiziell Stellvertreter. Jedoch ist so sichergestellt, dass beide Geschlechter als Klassensprecher vertreten sind bzw. im Klassensprecherteam, da sonst evtl. einige Mädchen, die ein Problem haben, nicht zu einem männlichen Klassensprecher gehen würden. Es gibt Klassen, da ist dies kein Problem, in manchen jedoch schon. Daher habe ich diese Lösung als Routine in den letzten Jahren eingeübt und fahre sehr gut damit. Sind SV-Versammlungen gehen beide Vertreter hin oder wählen aus, wer geht. Und solche Modelle einer „Doppelspitze" sind ja in unserer Welt nichts Neues, sieht man ja auch häufiger in der Politik. Wobei ich dieses Modell dort nicht immer als sinnvoll erachte, aber das ist ein anderes Thema.

4.2. „Diensthandy"

Wozu benötigt ein Lehrer ein „Diensthandy"? Übertrieben? Zu teuer? Viele Lehrer stehen vor der Frage: Gebe ich meine Telefonnummer heraus? Sogar die Handynummer? Wie bin ich auf Klassenfahrten erreichbar für die Eltern? Wie können mich Schülerinnen und Schüler während eines Ausflugs erreichen? Auf all diese Fragen gibt ein „Diensthandy" Antwort!

Wer von uns hat nicht irgendwo ein altes Handy rumfliegen. Ich hatte es. Und als die Klassenfahrt näher rückte machte ich mir auch Gedanken über meine Erreichbarkeit seitens Eltern, aber auch der Schülerinnen und Schüler. Denn es ging in die Großstadt Köln. Was, wenn sich jemand in der Innenstadt verläuft? Ein Unfall passiert?

Schnell kam mir die Idee eine neue Prepaidkarte zu kaufen und diese mit 10 Euro aufzuladen. Diese neue Nummer gab ich vor der Abfahrt den Eltern, aber auch den Schülerinnen und Schüler. Von den Schülerinnen und Schüler sammelte ich die Handynummern ein und speicherte sie vor der Abfahrt in mein „Diensthandy" ein. Dieses Handy blieb dann 24 Stunden am Tag an, für die Eltern war ich jederzeit erreichbar. Und tatsächlich: In der Kölner Innenstadt riefen mich Schülerinnen und Schüler an und fragten nach der Zeit und nochmals nach dem Ort des Treffpunktes. Wir hatten zuvor einen Termin ausgemacht, wann jeder wieder am Bus sein sollte. Doch wie Schülerinnen und Schüler so sind, einige hörten nicht zu. Wieder zu Hause angekommen konnte ich dann das Handy bis zum nächsten Wandertag ausschalten!

Auch bei den folgenden Klassenfahrten nach Amsterdam, Rotterdam oder München half das Diensthandy sehr. Mittlerweile bin ich aber vom „Diensthandy" auf ein „Dienstsmartphone" umgestiegen. Denn sind wir ehrlich, die Kommunikation verläuft heutzutage nicht mehr per Anruf oder SMS, sondern über Whatsapp. Wir gründeten eine Gruppe „Klassenfahrt", dort kamen alle Schüler, mein Kollege und ich hinein. Wenn es dann um feste Abfahrtszeiten o.ä. ging, war das Ganze schnell in der Gruppe verfasst und jeder Schüler (oder zumindest jede Schülergruppe) war so immer auf dem neuesten Stand.

Ich kann nur jedem empfehlen sich eine neue Prepaidkarte für sein altes Handy zu besorgen. Was sind schon die 10 Euro auf der Karte, wenn man dafür immer erreichbar ist und seine private Handynummer auch privat bleibt!

4.3. Elternabende

Nach einiger Zeit wuchs ich aber in meine neue Funktion hinein. Trotzdem bin ich auch heute noch vor Elternabenden <u>leicht</u> angespannt, ich glaube das vergeht nie. Ich erinnere mich an meinen ersten Elternabend, kurz vor der Klassenfahrt. Dieser Elternabend hatte zwei Funktionen: Erstens sollten die Eltern mich persönlich kennenlernen, andererseits sollte aber auch über die anstehende Klassenfahrt geredet werden. Doch meinen ersten Elternabend wollte ich nicht staubtrocken über die Bühne bringen, ich gestaltete eine Powerpointpräsentation am PC, die wir dann über ein interaktives Whiteboard abarbeiteten.

Dies schaffte sowohl für mich, als auch für die Eltern eine Übersicht des Elternabends. Auch Notizen während des Elternabends und ein Protokoll können für spätere Zeiten sehr hilfreich sein! Zwar muss dies nicht in jeder Schule abgeheftet werden, jedoch habe ich diese Protokolle in einem für mich angelegten Klassenordner abgeheftet.

Dieses Prinzip zur Durchführung von Elternabenden hat sich verfestigt. Powerpointpräsentationen, die transparent durch den Abend führen, habe ich noch heute. Das erspart mir Notizzettel und den Eltern beschert es die nötige Übersicht.

Planung eines Elternabends

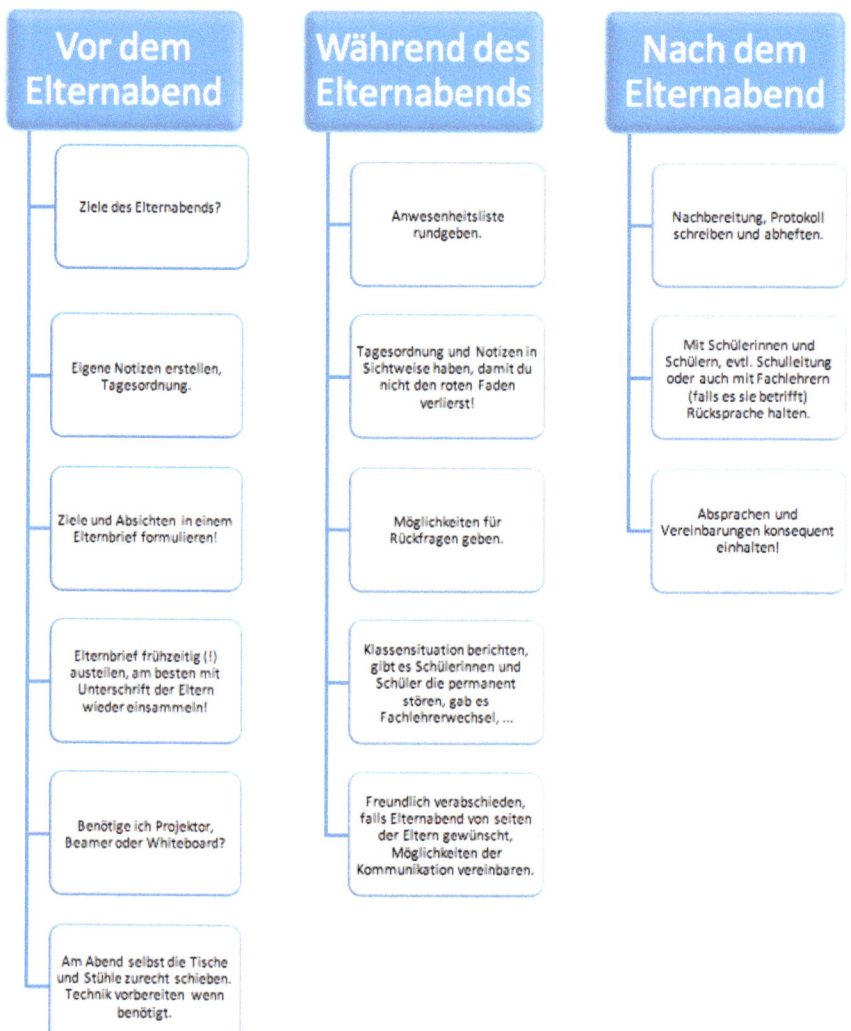

4.3.1. Elternabende sind auch ab und zu Wahlabende

Jetzt findet nicht nur ein Elternabend vor Klassenfahrten oder auch Wandertagen statt, sondern auch wenn es um die Wahl des Klassenelternsprechers und dessen Stellvertreter geht. Wenn ich in folgenden Sätzen „Klassenelternsprecher" schreibe, dann schließe ich die weibliche Form mit ein. Diese möchte ich aus Platzgründen nicht explizit erwähnen. Die Aufgabe des Klassenelternsprechers hast du sicher bereits im Referendariat gelernt, ich erwähne sie deshalb nur kurz.

Ein Klassenelternsprecher ist das Bindeglied zwischen Klassenlehrer und den Eltern der Schülerinnen und Schüler. Der Klassenelternsprecher kann Ansprechpartner für die Eltern sein, falls Fragen bzgl. der Klassensituation herrschen. Dann können die Eltern der Schülerinnen und Schüler sich über den Klassenelternsprecher informieren oder auch über diesen einen Elternabend einberufen. Andererseits ist der Klassenelternsprecher auch Ansprechpartner für den Klassenlehrer.

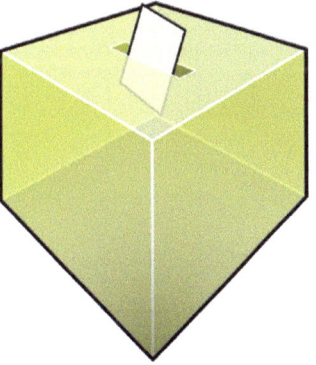

Wenn es z.B. um ein Ausflugsziel eines bevorstehenden Wandertages geht kann er sich Rat über finanzielle Angelegenheiten oder auch Begleitpersonen einholen. Bei einem meiner Wandertage wollten wir um einen nahegelegenen See wandern, jedoch war der Weg von der Schule bis zum See zu kurz für einen Bus, jedoch zu weit für einen Fußmarsch. So fragte ich auch meine Klassenelternsprecherin, ob sie oder auch andere Eltern für Schülertransfers bereit wären. Das war kein Problem! Es erklärten sich mehrere Eltern bereit mit ihren privaten Autos die Schülerinnen und Schüler von der Schule zum See zu fahren und auch später wieder zur Schule. Jedoch solltest du dich über die versicherungstechnischen Angelegenheiten kümmern. Ich machte dies damals, nachdem ich ein Gespräch mit der Schulleitung hatte. Ohne Unterstützung von oben wollte ich dieses Risiko nicht eingehen. Allgemein sollte man diese Schülertransfers in Händen von Eltern möglichst geringhalten, denn ein Unfall ist schnell passiert und die Vorwürfe sind groß. Bei unserer geringen Strecke von Schule zu See mit gerade einmal 15 Minuten Fahrzeit ging ich dieses Risiko ein und es ging alles gut. Lange Rede kurzer Sinn, Klassenelternsprecher sind also bilaterale Ansprechpartner. Doch ihre Wahl ist etwas kompliziert. Eine „Anleitung" dazu findet man im „Handbuch für Realschullehrer" vom VDR (seit kurzem VRB). Ich fasse aus der Schulwahlordnung[13] kurz den Ablauf einer solchen Wahl zusammen. Jedem Realschullehrer kann ich dieses Werk jedoch empfehlen!

---

[13] (Ministerium für Bildung, Schulwahlordnung, 2005)

Der Klassenlehrer lädt zur Klassenelternversammlung ein. Dies sollte spätestens vier Wochen nach Beginn des neuen Schuljahres geschehen[14]. Die Einladungen sollten frühzeitig an die Schülerinnen und Schüler ausgegeben und die Unterschrift der Eltern als Empfangsbestätigung kontrolliert werden. Am Abend selbst ist darauf zu achten, dass mehr als fünf wahlberechtigte Eltern oder Erziehungsberechtigte (dies gilt nachzuweisen) anwesend sind. Sind weniger als fünf Wahlberechtige anwesend, so muss innerhalb von zwei Wochen erneut eingeladen werden, die Versammlung ist nicht beschlussfähig[15]. Spätestens bei der zweiten Versammlung müssten mehr als fünf Wahlberechtigte anwesend sein, ansonsten kannst du die weiteren Schritte in der Schulwahlordnung in §5 (2-4) durchlesen.

Jetzt sind mehr als fünf Wahlberechtigte anwesend, nun kann es losgehen. Die Wahlleitung hat der Klassenlehrer, ein Schriftführer muss bestimmt werden. Der Klassenlehrer gibt eine Anwesenheitsliste herum, diese kannst du dir sehr schnell selbst erstellen oder Vordrucke im Sekretariat abholen. Jetzt solltest du der Versammlung kurz die Aufgaben der Klassenelternsprecher erläutern. Anschließend melden sich nur zögerlich (meine Erfahrung) Freiwillige. Dann muss beschlossen werden, ob diese Wahl der Klassenelternsprecher für ein oder zwei Jahre gültig bleibt.[16]

---

[14] vgl. §4(1) ebd.
[15] vgl. §5(2) ebd.
[16] vgl. §4(3) ebd.

Der Klassenelternsprecher und sein Stellvertreter werden anschließend in getrennten Wahlgängen gewählt! Jedoch kann sich die Versammlung (das ist einfacher) auch für einen gemeinsamen Wahlgang aussprechen! Derjenige mit den meisten Stimmen ist Klassenelternsprecher, derjenige mit den zweit häufigsten Stimmen sein Stellvertreter.[17] Natürlich müssen beide die Wahl annehmen. Die Adressen und Telefonnummern der beiden Gewählten sollte allen Eltern der Klasse zugänglich gemacht werden.

Nun wird weiter gewählt, denn nicht nur die Klassenelternsprecher und sein Stellvertreter werden an diesem Abend gewählt, sondern auch die Wahlvertreter für den Schulelternbeirat, allerdings nur in Schulen mit mehr als acht Klassen. Diese Wahl erfolgt in einem Wahlgang, es müssen zwei Personen gewählt werden. Gewählt sind die beiden Personen mit den meisten Stimmen.[18] Damit ist die Wahlversammlung beendet. Meine Rekordzeit: Wahlversammlung in 20 Minuten beendet! Das ging aber auch nur so schnell, weil ich schon vorher mit potentiellen Kandidaten gesprochen hatte, dies ist im Normalfall nicht so schnell.

Nicht vergessen alles zu protokollieren, dafür bekommst du normalerweise auch Vordrucke im Sekretariat.

---

[17] vgl. §6 ebd.
[18] vgl. §7 ebd.

Das Protokoll sollte folgende Punkte enthalten:

- *Ort und Zeit*
- *Thema der Wahl*
- *Namen der Wahlleitung (=Klassenlehrer) und Name des Schriftführers*
- *Anzahl der Wahlberechtigten*
- *Wahlvorschläge*
- *Regularien der Abstimmung (ein oder zwei Jahre „Amtszeit"? Getrennte oder gemeinsamer Wahlgang/-gänge?)*
- *Zahl der angegebenen, Zahl der gültigen und ungültigen Stimmen*
- *Anzahl der Stimmen pro Kandidat*
- *Wahlergebnis*
- *Bemerkungen oder besondere Vorkommnisse*
- *Unterschrift des Wahlleiters und der Schriftführung*

Das Protokoll sollte für die Dauer der „Amtszeit" aufgehoben und kann innerhalb von vier Wochen auf Wunsch von allen Wahlberechtigten eingesehen werden.[19]

Ein Klassenelternsprecher kann auch abgewählt werden. Dann wird eine Nachwahl nötig. Wie das funktioniert und wie der Schulelternbeirat gewählt wird kannst du ausführlich in der Schulwahlordnung in §8 und folgende weiterlesen.

---

[19] vgl. §3 (Ministerium für Bildung, Schulwahlordnung, 2005)

4.4. Die Stimmung in der Klasse

In regelmäßigen Abständen kann man in seiner Klasse auch eine Art anonymen Reflexionsbogen rumgeben. So bleibt man immer auf dem Laufenden innerhalb seiner Klasse.

Das Problem: Als Klassenlehrer erfährt man nicht immer alles, was in der Klasse geschieht. Das Problem hatte ich in meiner siebten/später achten Klasse, in der ich nur sehr wenige Stunden pro Woche war. Vieles lief an mir vorbei. Ich habe damals diesen Bogen genutzt um mehr über meine Klasse zu erfahren. Klar ist es in machen Augen Papierverschwendung, aber mir hat es geholfen und man macht es nicht wöchentlich!

Als nächstes bekam ich eine sechste Klasse als Klassenlehrer. Hier hatte ich eine reguläre Klassenleiterstunde zur Verfügung, eine pro Woche. Ich habe mir vorgenommen diesen Reflexionsbogen alle paar Wochen auszuteilen. So kann man Konflikte frühzeitig erkennen und dagegen ankämpfen. Und auch in meiner aktuellen Klasse, wieder eine Klassenstufe sieben, führe ich diesen Bogen weiter.

Reflexionsbogen zur Klassensituation

Ich möchte anonym deine Meinung zur Klasse erfahren. Falls Probleme in der Klasse sind können wir sie wo klären!

Das gefällt mir in meiner Klasse ☺	Das gefällt mir nicht ☹

Das wünsche ich mir in einer guten Klasse

Dieser Bogen kann dann von dir eingesammelt werden. Jetzt gibt es zwei Möglichkeiten:

1) Du teilst ihn in der Klasse aus, sammelst ihn direkt ein und redest direkt mit deiner Klasse über einige Themen die du auf den Zetteln findest.
2) Ich empfehle dir jedoch die Zettel einzusammeln und diese zu Hause auszuwerten. So kannst du Mehrfachnennungen sammeln und diese übersichtlicher thematisieren.

4.5. Fehltage bei Schülern müssen auch mal sein

Ein weiterer Anfängerfehler den ich am Anfang in meiner ersten Klasse machte betraf das Thema „Fehltage und Entschuldigungen". Teilweise rannte ich Schülerinnen und Schülern ärztlichen Attesten und Entschuldigungen für Fehltage tagelang hinterher. Dies solltest du konsequent handhaben, so wie ich auch mittlerweile. Kläre dies am ersten Elternabend und auch mit deiner Klasse. Schülerinnen und Schüler sind innerhalb der ersten drei Fehltage telefonisch, persönlich oder schriftlich (auch per email bei mir) krank zu melden! Ab dem vierten Tag **kann** man

alle Fehltage als unentschuldigt eintragen. Das wäre der konsequenteste Weg. Ob du diesen einschlägst musst du entscheiden. Ich habe mir für meine späteren Klassen eine „Lite-Version" überlegt. Eltern haben nach wie vor ihr Kind binnen drei Tagen zu entschuldigen. Die schriftliche Entschuldigung erwarte ich aber spätestens eine Woche später, nachdem das Kind die Schule wiederum besucht. Auch ein kleiner Anruf bei den Eltern kann nichts schaden, bevor man die Fehltage als unentschuldigt deklariert. Denn schließlich kommen Fehltage aufs Zeugnis. Auf dem Jahreszeugnis stehen auch wiederum die Fehltage des ersten Halbjahres, damit auch die Unentschuldigten! Die Entschuldigungen habe ich zuhause in meinem Klassenordner abgeheftet. Am Ende des Schuljahres gebe ich Sie im Sekretariat ab, wo sie dann weiter archiviert werden. Dies ist jedoch von Schule zu Schule verschieden.

In meiner ersten Klasse habe ich es mir mit den Fehltagen sehr schwer gemacht. Ich habe mich (wie wahrscheinlich viele Lehrpersonen) am Ende des Halbjahres hingesetzt und gezählt. Das Klassenbuch wurde mit nach Hause genommen und mit den eingehefteten Entschuldigungen abgestimmt. Dies war eine stundenlange und mühselige Arbeit! Ich dachte mir, dies muss nächstes Halbjahr viel schneller gehen. So machte ich mir Gedanken, wie ich die Fehltage immer übersichtlich und aktuell halte. Da ich sowieso ein Fan von neuen Medien bin, war die Antwort für mich ganz klar. Ich programmierte eine

Tabelle in einem Tabellenkalkulationsprogramm (z.B. in OpenOffice oder Excel) mit der Liste all meiner Schüler, darüber die Monate. Am Ende dann Spalten, die ich programmierte alle unentschuldigten als auch entschuldigten Fehltage zu summieren. Wenn man diese Tabelle wöchentlich aktuell hält, hat man am Ende des Halbjahres keinerlei Arbeit mehr mit stundenlangem Zählen per Hand.

Schüler	Februar		März		...	Gesamt	
	unent-schuldigt	ent-schuldigt	unent-schuldigt	ent-schuldigt		unent-schuldigt	ent-schuldigt
Schüler X	0	2	1	0		1	2
Schüler Y	0	5	0	4		0	9
...	...	...	...	...	...	...	...

Diese Tabelle habe ich immer aktuell gehalten, indem ich mir eine Monatsübersicht eines Kalenders ausgedruckt habe und dort fast täglich per Hand fehlende Schülerinnen und Schüler eingetragen habe. Diese handschriftliche Übersicht wurde dann fast wöchentlich, manchmal auch nur alle zwei Wochen in die Tabelle übertragen.

Manchen Kollegen, besonders bei den etwas Älteren, kommt diese Methode als zu aufwendig oder zu übertrieben vor. Die Programmierung ist in fünf Minuten abgeschlossen! Dafür hatte ich am Ende des Halbjahres bereits alle Fehltage komplett!

Dieses System mit den Tabellen kannst du natürlich noch erweitern, indem du Klassenbucheinträge oder auch die Klassenkasse summieren lässt.

Wer allerdings ein Tablet besitzt, kann noch fortschrittlicher sein. Mittlerweile gibt es Apps wie z.B. TeacherTool. Diese ermöglichen es einem die Fehltage digital per App festzuhalten. Seit ich ein Tablet besitze und es diese App gibt nutze ich nur noch diese.

Vorteil: Ich kann direkt in der Klasse die Fehltage protokollieren. Weiteres Feature: In dieser App kann man ein digitales Kursbuch führen. Kann ich nur weiterempfehlen!

Allerdings gibt es hier besondere datenschutzrechtliche Bedenken! Darauf möchte ich an dieser Stelle auch hinweisen. Bevor du z.B. Fotos deiner Schüler in die App überträgst brauchst du streng genommen die Genehmigung der Eltern. Der Datenschutz ist ein wichtiger Bestandteil unseres Lebens, jedoch verkompliziert er an vielen Stellen unseren Alltag.

4.6. Das liebe Geld der Schüler: die Klassenkasse

Viele Lehrpersonen, aber auch Eltern finanzieren Wandertage und Klassenfahrten durch die sogenannte „Klassenkasse". Hier stand ich am Anfang auch auf dem Schlauch. Wann sammle ich diese ein? Soll ich ein extra Konto eröffnen? Bitte ich die Eltern um Dauerauftrag? Wie hoch setzen wir die monatlichen Einzahlungen?

Ich habe anfangs kein extra Klassenkassenkonto eröffnen wollen. Ich habe auch mit einigen Kollegen über dieses Thema geredet und mir verschiedene Versionen angehört. Einige mischen das Klassenkassengeld mit dem privaten Konto, schreiben sich aber immer den Betrag auf, der zur Klassenkasse gehört. Andere bunkern es zuhause in bar. Dies tat ich auch zuerst, jedoch sammelte sich nach einiger Zeit doch sehr viel an.

Also eröffnete ich doch ein Klassenkassenkonto, denn das Geld der Kinder mit meinem privaten Geld auf meinem Konto vermischen wollte ich nicht. Mit den Eltern wurde ein monatlicher Betrag von fünf Euro abgesprochen. Dieser reichte dann auch um den Betrag der Klassenfahrt zu decken. Die Einzahlungen wurden zunächst in bar in den Fachstunden bei mir von jedem Schüler abgegeben. Später zahlte ich diese Barzahlungen auf das Klassenkassenkonto ein. Andere Eltern überwiesen den Betrag direkt per Dauerauftrag aufs Konto. Da jeder Schüler gleich viel einzahlte, hatte jeder einen gleichbleibenden Anteil des Gesamtbetrages. Dies änderte sich aber nach der Klassenfahrt. Nach dieser haben manche Eltern die fünf Euro Klassenkasse weiter eingezahlt für zukünftige Wandertage, von anderen Eltern habe ich überhaupt nichts mehr bekommen. Das bedeutet, ab diesem Zeitpunkt hatte jeder Schüler einen individuellen Anteil des Gesamtbetrags. Auch hier überlegte ich wieder wie ich dies handhaben soll.

Da ich gute Erfahrungen mit der Tabelle für die Fehltage gemacht habe, programmierte ich auch hier eine Tabelle. In der linken Spalte standen die Namen der Schülerinnen und Schüler. Dann folgten die Monate und ganz hinten die Ausgaben. Die Spalte „Gesamtbetrag" wurde so programmiert, dass sie die Einzahlungen der Monate summierte, von dieser Summe aber die Ausgabenspalten subtrahierte. So hatte ich in jeder Zeile den individuellen Betrag jeden Schülers des Gesamtbetrages der Klassenkasse. Dieser Gesamtbetrag wurde dann auch in der letzten Zeile angezeigt, in meinem Beispiel hier 11 €. Dies scheint auch wieder zunächst sehr umständlich. Jedoch hat man eine wirklich gute Übersicht über die finanzielle Lage der Klassenkasse. Man kann sich auch die Einnahmen für einzelne Monate summieren lassen oder auch die Ausgaben. Als Klassenlehrer hat man hier eine sehr gute Übersicht für zehn Minuten Programmierungszeit.

	Februar	März	April	Gesamt-betrag	Ausgaben für Klassen-arbeitshefte	Ausga-ben für Garde-roben-versi-cherung
Schüler X	5 €	-	5€	8 €	-1,50 €	-0,50 €
Schüler Y	-	5 €	-	3 €	-1,50 €	-0,50 €
...						
...						
Klasse	...	...	...	11 €	...	...

Jeder muss für sich selbst entscheiden ob er es auf diese etwas moderne Art macht und ob sich für ihn der Aufwand lohnt. Aber spätestens ab der Klassenfahrt, wo sehr unregelmäßig noch in die Klassenkasse eingezahlt wurde, hat sich der Aufwand für mich gelohnt. Am Ende des Schuljahres konnte ich so die einzelnen Beträge den Schülerinnen und Schüler wieder auszahlen oder auch zurück überweisen.

Auch wichtig: Immer die Kontoauszüge des Klassenkassenkontos sammeln, falls es mal zu Unstimmigkeiten kommt. Du solltest immer in der Lage sein den Eltern transparent alles Finanzielle darzulegen! So habe ich auch an einem späteren Elternabend diese Methode mit der Tabelle den Eltern vorgestellt. Einige dachten vielleicht ich hätte sie nicht mehr alle, aber viele andere waren begeistert von meinem Engagement. Du kannst es jetzt an dieser Stelle auch sehen wie du willst.

5. Unterrichtsstörungen gehören zum Alltag

Welcher Lehrer, egal ob jung oder alt, kennt dies nicht. Egal ob kleine Flüstereien, richtige Gespräche, herumfliegende Mäppchen oder plötzliches Aufstehen und herumlaufen. Solche Störungen gehören zum Alltag, mal mehr, mal weniger.

Fragt man Schülerinnen und Schüler nach einem guten Lehrer, so antworten sie häufig:

- humorvoll
- freundlich
- gerecht
- aber auch **streng!**

Ein Lehrer der immer lieb ist nützt den Schülerinnen und Schüler nichts. Das lernst du auch sehr schnell. Mir ging es am Anfang doch genauso, man denkt, man muss doch beliebt sein und ist selbst zu nett zu den Kindern. Doch das artet dann schnell ins Ausnutzen aus.

Wichtig ist auch am Anfang zu wissen, dass du abgestufte Maßnahmen verwenden solltest. Man muss ja nicht gleich mit riesigen Maßnahmen gegen ein paar Flüstereien schießen. Du fängst natürlich bei mündlichen Ermahnungen an. Sollte der einzelne Schüler dann weiter stören, dann steigerst du dich erst mit deinen Maßnahmen. Welche Maßnahmen es gibt und welche ich auch verwende, das erfährst du später in diesem Kapitel.

Wolfgang Mattes führt fünf aufeinanderfolgende Schritte zu einem erfolgreichen Umgang zum Thema Disziplin in einem seiner Bücher auf.[20]
Wichtiges Fundament ist zunächst einmal Disziplin in einer Klasse durch klare Regeln aufzustellen. Ohne dieses Fundament kann keine Disziplin erwachsen. Dies können Gesprächsregeln sein, Verhaltensregeln innerhalb der Klassengemeinschaft oder auch Regeln im bestimmten Fachräumen sein (nicht essen im PC-Raum,...). Auf dieser Regelbasis können dann die anderen Punkte aufbauen.

Disziplin durch Auftreten meint, dass dein Auftreten vor der Klasse schon entscheidend sein kann, ob eine Klasse diszipliniert ist oder auch nicht. Wenn du in einem alten zerrissenen Hemd und Loch in der Jeans vor einer Klasse stehst, dann werden sie dich weniger ernst nehmen als in schicker Kleidung. Aber nicht nur die Kleidung, auch die Körperhaltung spricht Bände. Stehst du gebückt und eher geduckt

---

[20] (Mattes, Routiniert planen-effizient unterrichten, 2006), S. 159

vor einer Klasse merken die Schülerinnen und Schüler dies, sie werden sicher unruhiger sein, als bei jemandem der gestärkt und aufrecht vor einer Klasse auftritt.

Die nonverbale Kommunikation spielt hier eine große Rolle. Sollte die Klasse es mit Störungen übertreiben, so kannst du natürlich in einer Klassenleiterstunde darauf reagieren, indem du dies thematisierst. Mach den Schülerinnen und Schüler klar, dass Disziplin zum Leben gehört und sie sich an gewisse Regeln zu halten haben. Versuche lernwillige Schülerinnen und Schüler auf deine Seite zu ziehen, die dann als Multiplikatoren in der Klasse dienen.

Kleinere Störungen im Alltag können durch Gespräche oder schon durch Blickkontakt wieder behoben werden. Und am Ende stehen dann noch die Sanktionen, wenn es einige echt übertreiben. Wolfang

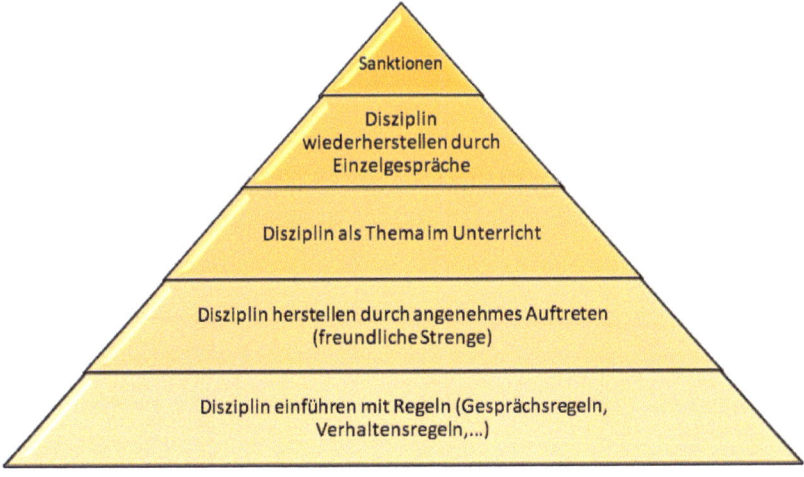

Mattes' Liste habe ich anschaulich als Pyramide dargestellt mit dem Fundament der Regeln weiteren Schritte. Auf dieses Fundament kannst du dich immer wieder berufen![21]

Doch was die wenigsten Lehrer wissen:

Unterrichtsstörungen sind meist verschlüsselte Botschaften, die entschlüsselt werden müssen.

Dieter Enkhardt gibt im Buch „Fundgrube Klassenlehrer" [22] dazu hilfreiche Tipps. Er erklärt wie und wann man Erziehungs- und Ordnungsmaßnahmen sinnvoll anwendet, wie eine Störungsanalyse auszusehen hat oder auch wie ein Lehrer auf Störungen angemessen reagiert. Für mich wichtige Punkte habe ich in den folgenden Unterkapiteln zusammengefasst, wer mehr wissen will sollte sich dieses Buch zulegen!

---

[21] (Mattes, Routiniert planen-effizient unterrichten, 2006), S. 159
[22] (Abele, et al., 2006), S. 120-123

5.1. Die Störungsanalyse nach Dieter Enkhardt[23]

Enkhardt empfiehlt jeder Lehrperson eine Störungsanalyse durchzuführen. Dies klingt zunächst theoretisch und kann nach wenigen Malen routinierter ablaufen. Folgende Fragestellungen sollte eine Lehrperson sich durch den Kopf gehen lassen um eine Störung richtig zu analysieren:

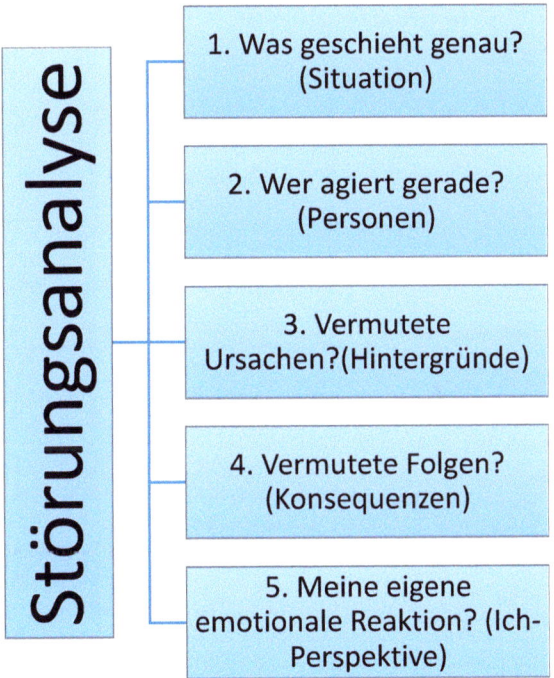

Diese Analyse sieht auf den ersten Blick sehr komplex aus. Beim ersten Punkt solltest du dir bewusst machen was genau gerade passiert.

---

[23] (Abele, et al., 2006), Kapitel 6

Warum musst du deinen Unterricht unterbrechen und dich um einen (oder mehrere) Störenfriede kümmern.

Punkt zwei ist eigentlich selbsterklärend, denn hier machst du dir die beteiligten Personen bewusst. Punkt drei ist nicht so eindeutig. Mit Hintergründen bzw. Ursachen ist nicht nur das, was gerade im Unterricht passiert gemeint, sondern auch evtl. häusliche Gründe. Ist Peter störend, weil sich gerade seine Eltern getrennt haben oder wirft Susi ihr Mäppchen herum, weil sie zuhause eine kleine Schwester hat die mehr Aufmerksamkeit bekommt als sie?

Dieser Punkt ist in meinen Augen der komplexeste! Er benötigt viel Hintergrundwissen von dir. Punkt vier dreht sich um die Folgen der Störung. Weil Susi ihr Mäppchen geworfen hat können sich die anderen nicht konzentrieren und Peter, der ihr Mäppchen an den Kopf bekommen hat, ist nun verletzt und rastet aus. Hier wird also eine Abfolge dargestellt. Das ist nun der Punkt wo du so langsam die Kontrolle über deinen Unterricht, den du so schön geplant hast, verlierst! Jetzt musst du einschreiten. Im letzten Punkt sind deine eigenen Emotionen gefragt. Wie fühlst du dich dabei? Du fühlst dich (wie jeder andere) in dieser Situation verärgert, du fühlst dich verantwortlich gegenüber den Schülerinnen und Schüler, die aufpassen wollen und du hast nun die Befürchtung, dass wenn du nichts unternimmst, du deine Autorität vor der gesamten Klasse verlierst!

An diesen Beispielen siehst du wie Komplex diese Denkweise der Analyse ist. Deshalb solltest du jetzt nicht vor der Klasse nach einer Störung sofort ein Blatt Papier hervorzaubern und diese fünf Punkte schriftlich abarbeiten. Dann würde dich die Klasse für verrückt erklären. Aber im Nachhinein in einer Freistunde oder auch zuhause kannst du dies für verschiedene Störungen versuchen.

Ich bin zwar noch ein „Junglehrer" (gemessen an vielen Kollegen), doch auch ich merke, dass ich über Unterrichtsstörungen meist schon zu schnell hinweg gehe. Ich mache natürlich auch nicht bei jeder Störung solch eine Analyse. Als ich davon gelesen habe dachte ich nur: wie umständlich und wozu? Aus Spaß habe ich dann tatsächlich mal wenige Störungen nachmittags so analysiert, ich muss zugeben nicht schriftlich, aber theoretisch im Kopf. Ich kann nur bestätigen das einem viel mehr Hintergründe einfallen, z.B. denkt man im Unterricht nur zu selten an Störungen, die aus Unterforderung entstehen. Das gibt es aber tatsächlich.

Gerade hier in Rheinland-Pfalz habe ich die Erfahrungen in der Orientierungsstufe (Klasse fünf und sechs) gemacht. Wir haben eine gemeinsame Orientierungsstufe mit dem Gymnasium. Und eine Realschule plus ist eine Fusion aus einer „herkömmlichen" Realschule mit einer „herkömmlichen" Hauptschule, manchmal noch mit Förderschulkindern.

Jetzt kannst du dir evtl. schon vorstellen was ich meine? Du hast in einer fünften und sechsten Klasse bis zu vier verschiedene Leistungsniveaus sitzen.

Nochmal: In einer Klasse hast du sowohl Förderschüler, Hauptschüler und Realschüler (beide ehemals so genannt) und auch Gymnasiasten sitzen. Doch wie kannst du allen gerecht werden? Das ist eine Frage die nur sehr schwer zu beantworten ist. Fakt ist aber, dass hier die Wahrscheinlichkeit sehr hoch ist, dass die Schülerinnen und Schüler deinen Unterricht stören, die entweder über- oder unterfordert sind. Denn du kannst, und das ist in meinen Augen Fakt, nicht immer allen gleich gerecht werden. Du bist verleitet dir als Lehrer einen Mittelweg auszusuchen und unterrichtest dann das „mittlere" Niveau in solchen Klassen! Das solltest du jedoch vermeiden, denn dazu gibt es die innere Differenzierung.

So etwas wird einem mit einer solchen Analyse aber bewusster. Man analysiert genauer welcher Lerner jetzt unterfordert sein könnte, weil der Unterricht zu leicht ist und gleichzeitig hast du Schüler drin, denen der Unterricht zu schwer ist, diese sind unterfördert und könnten aus diesem Grund stören.

5.2. Meine Methoden gegen Störungen

Ich erwähnte eben, dass ich mir selbst mittlerweile etwas Routine angewöhnt habe und auch über alltägliche Unterrichtsstörungen meist oberflächlich hinweg gehe. Denn in der Stunde hast du einfach nicht die Zeit dazu dir darüber den Kopf zu zerbrechen. Du hast deine Stunden geplant und möchtest sie auch so durchziehen und Störungen so schnell wie möglich beseitigen. So geht es mir natürlich auch und ich wende in allen Klassenstufen (aber selten in der neunten und zehnten Klasse, denn da sind die Schülerinnen und Schüler meist wieder von Natur aus disziplinierter) folgende Methode an: ***Das Zählen bis fünf***. Wenn du jetzt lachst, dann reagierst du genau wie ich als ich es das erste Mal sah.

Ich war damals Referendar und hospitierte bei einer Kollegin. Als die Schülerinnen und Schüler lauter wurden hebte sie ihre Hand, spreizte ihren Daumen und sagte: „Eins". Anschließend kam der Zeigefinger und das „Zwei" usw. Ich dachte nur: Ich würde vielleicht als Schüler lachen. Aber es klappte! Sie war noch nicht mal bei vier und die Klasse war leise! Und das beobachtete ich in mehreren Stunden und verschiedenen Klassen. Ich saß hinten und war beeindruckt. Es gab natürlich auch Situationen in denen die Klasse nicht bei fünf ruhig war. Dann machte sie einen Strich an die Tafel. Hat man drei Striche zusammen in einer Stunde, gibt es mehr Hausaufgaben! Z.B. eine Nummer im Fach Mathematik mehr oder eine Seite mehr zu lesen. Beachte: Das geht natürlich nur, wenn die große Mehrheit der Klasse stört. Sind es Einzelpersonen wäre es eine Kollektivstrafe und diese ist für die Schülerinnen und Schüler, die nicht gestört haben ungerecht. Keine Angst, sie beschweren sich auch ziemlich schnell. Deshalb solltest du bei Einzelpersonen anders verfahren.

Die Methode gefiel mir so gut, dass ich diese auch in meinem eigenständigen Unterricht als Referendar benutzte und auch in Vertretungsstunden. Und siehe da, es klappte auch bei mir. Es gibt nur sehr selten Fälle wo Klassen nicht bei fünf leise sind. Jedoch gibt es auch den Fall, so habe ich es in einer sechsten Klasse erlebt, dass sie sehr unruhig werden und ich alle fünf Minuten bis fünf zählen konnte. Jedoch waren sie jedes Mal bei der Zahl vier komplett leise. Für solche Fälle solltest du dir auch eine Vereinbarung überlegen. Ich habe zusätzlich in dieser Klasse die Vereinbarung, dass bei dreimal Zählen pro

45 Minuten es schon mehr Hausaufgaben für alle gibt (auch hier wieder nur wenn die Mehrheit der Klasse unruhig werden sollte, sonst wieder unbeliebte Kollektivstrafe!).

Falls du nämlich nur wegen drei Schülerinnen und Schüler hochzählst und einen Strich an die Tafel machst, beschweren sich (zu Recht die anderen). Diese Erfahrung habe ich auch ziemlich schnell noch im Referendariat gemacht. Es war dermaßen ein Gebrummel in der achten Klasse, sodass es sich für mich anhörte als käme es aus allen Ecken, also zählte ich. Bei fünf angelangt machte ich einen Strich und schon gingen die ersten Beschwerdefinger hoch. „Es waren doch aber nur wenige Personen, warum wird die Klasse bestraft?". Die Klasse hatte Recht! Im Nachhinein hat sich wirklich herausgestellt, dass es wenige Schülerinnen waren, die über das Wochenende tratschen wollten. Meine akustische Wahrnehmung lag also daneben. Schnell wurde der Strich wieder rückgängig gemacht. Allerdings konnte ich die Damen nicht unbestraft davonkommen lassen. So trafen wir ab der Folgestunde die nächste Vereinbarung. Stören nur Einzelpersonen, so werden diese mit Namen an die Tafel (Seitentafel) geschrieben. Dann passiert noch nichts. Sollten diese aber zum wiederholten Male stören, so wird hinter den jeweiligen Namen ein Strich gemacht. Ein Strich bedeutet in dem Sinne dann ca. eine halbe Seite schreiben. Bei zwei Strichen eine Seite und bei drei Strichen anderthalb Seiten schreiben und ein Eintrag ins Klassenbuch. Ich muss aber dazu sagen, drei Striche in einer Schulstunde ist sehr selten, kommt aber ab und zu doch vor!

Eine weitere Methode, die ich allerdings wirklich nur in der Orientierungsstufe einsetze, ist die **Pädagogenglocke** (auch wenn ich den Begriff nicht mag). In den Klassenstufen sieben bis zehn wird man mit einer Glocke ausgelacht (meine Erfahrung!).

In einer meiner Klassen hatte ich so eine Glocke auf dem Pult stehen. Wird es zu laut, dann wird mit der Glocke gebimmelt. Fast zeitgleich ist es ruhig. Aber auch hier habe ich mit meiner Klasse verabredet, bimmelt es dreimal pro Schulstunde, so gibt es auch hier Zusatzaufgaben!

Ich muss dazu sagen, dass ich eigentlich überwiegend disziplinierte Klassen habe. In manch anderer Klasse würde das evtl. nicht funktionieren. Im Referendariat und auch an der Universität lernt man, dass Rituale eine große Rolle spielen. Eine solche Glocke kann als ein Ritual im alltäglichen Unterricht eingebaut werden, wie eben beschrieben als Ruhesignal, aber auch als ein Signal des Weiterwanderns beim

Stationenlernen oder auch für verschiedene Phasen im Unterricht einzuleiten (Einzelarbeit, Partnerarbeit, Think-Pair-Share, ...).

Eine ganz fiese Methode (für die Schülerinnen und Schüler zumindest) ist die **Stoppuhr**. Diese setze ich auch gelegentlich ein, jedoch nur in der letzten Schulstunde oder auch in der Schulstunde vor der Pause. Die Methode ist so einfach wie effektiv. Wird mir die Klasse zu unruhig, so drücke ich  auf START. Das Piepen hören die Schülerinnen und Schüler und sind schnell wieder leise, erst dann drücke ich wieder auf STOPP. Denn sie wissen genau, jede Sekunde, die auf der Stoppuhr zu sehen ist, verlängert sich der Unterricht. So kommen sie entweder später in die Pause (ich zwar auch, aber das ist es mir wert!) oder sie haben halt ein paar Sekunden bis zu wenigen Minuten länger Schule nach der sechsten Stunde (auch hier ist es mir wert!). Die Logik ist klar, wird die Klasse unruhig ist mein Unterricht unterbrochen. Ich habe jedoch das Recht auf 45 Minuten Unterricht (die Schüler auch), heißt, ich fange nur die Zeit auf, die mir verloren geht an meinen 45 Minuten. Diese Zeit wird dann hinten drangehangen. So erkläre ich es auch den Schülerinnen und Schüler, dann sind sie ganz schnell ganz ruhig. Eine Drohung von mir war auch, dass wir sammeln bis wir 45 Minuten auf der Stoppuhr zusammen haben, dann treffen wir uns nachmittags und machen alle gemeinsam eine Zusatzstunde. Jedoch kam es nie soweit.

Bei allen Störungen und Methoden diesen entgegenzuwirken ist eines aber wichtig, und das kann ich nur bestätigen: Sollte eine Einzelperson stören, so konfrontiere sie vor der Klasse mit der Situation. Sätze wie: „Ich fühle mich durch dich gestört", „Erkläre jetzt deinen Mitschülern, die unbedingt lernen wollen, warum du ihnen die Chance zum Lernen nimmst!" oder auch „Ich würde es gut von dir finden, wenn du es schaffen würdest aufzupassen" hinterlassen Eindruck! Du treibst den Schüler in die Enge und das noch vor der gesamten Klasse, denn er ist nun in der Situation und muss sich vor der Klasse und dir erklären! Er muss dir sagen, warum er stört und dies noch begründen. Ich bohre dann immer so lange nach bis nichts mehr kommt. Anschließend sind die Störenfriede dann meist ruhig. Machst du dies bei jeder größeren Störung lassen sie es meist nach einiger Zeit, denn sie wissen genau, sie müssen sich rechtfertigen für jede Störung. Wenn du sie soweit hast, hast du gewonnen! Ab und zu vergesse ich dies auch und gehe wieder oberflächlich hinweg (wie oben schon beschrieben), aber ich bestehe immer öfter auf diese Rechtfertigung.

Dieses Prinzip habe ich von einer Kollegin im Referendariat gelernt! Du musst es immer schaffen, dass der Störenfried **alleine** da steht! Die Klasse (zumindest der Großteil der lernen will) muss sich mit dir gegen die Störenfriede verbünden. Das schaffst du mit geschickter Kommunikation, nach einigen Malen hast du die Tricks raus!

Gehst du allerdings mit einem sich immer wieder wiederholenden Ton ran: „Alex du störst schon wieder" erzeugst du Gegenwind! Denn Alex wird das abstreiten und versuchen eine Diskussion mit dir anzufangen. Das darfst du nicht zulassen! Sobald du merkst du bist im Recht und der Störenfried will eine Diskussion um dir seine oder ihre nicht vorhandene Unschuld aufzudrücken musst du blocken! „Keine Diskussion! Es reicht!". Diese kurzen aber kräftigen Aussagen blocken Alex dann ab und er merkt du willst nicht diskutieren, er muss ruhig sein. Lässt du eine Diskussion zu, so kommen Sätze wie: „Aber der Paul hat mehr geredet und bekommt keine Mahnung" oder „Ich hab doch nur Lisa etwas gefragt" usw. Diese Endlosdiskussionen bringen rein gar nichts, außer Zeitverschwendung!

Ein gesunder Mix auf verschiedenen Methoden bringt Abwechslung und Effektivität, jedoch solltest du nicht zu viele Methoden gleichzeitig nutzen, denn das verwirrt nur die Schülerinnen und Schüler und wirkt der Zieltransparenz, die es auch bei den Methoden gegen weitere Störungen geben sollte. Wenn ein Schüler die Konsequenz abschätzen kann ist die Störung schon halb vermieden.

5.3. Vermeidung von Störungen vorm Unterricht?

Hört sich zunächst komisch an, geht aber wirklich! Auch hier hat Dieter Enkhardt einige Tipps.

Ein Klassenraum sollte nicht mit zu vielen Reizen ausgestattet sein. Bei Kindern mit AD(H)S reichen schon Kleinigkeiten aus um sie abzulenken. Angefangen von Blütenpflanzen auf der Fensterbank bis hin zu Plakaten an der Wand aus dem Biologieunterricht. Deshalb sollte man als Klassen- oder Fachlehrer immer darauf achten, dass Klassenräume die Materialien, die zu ablenkendem Verhalten führen, vermindert werden. [24]

Hierzu ein Beispiel aus meiner Erfahrung: Als Biologielehrer bin ich natürlich auch öfter im Fachraum Biologie. Meine Kollegin hat bereits das Thema „Magersucht" thematisiert und ihre Plakate zu diesem Thema mit Fotos von magersüchtigen Models hingen an der Pinnwand im Biologieraum. Was taten meine Fünfer und Sechser, aber

---

[24] (Abele, et al., 2006), S. 127

auch die Neuner als wir eigentlich ein anderes Thema behandelten? Sie blickten weder zu mir noch zur Tafel, sondern nur zu den Plakaten! Aber nicht nur das: Sie zeigten (während des laufenden Unterrichtes) auf und fragten mich, wann wir das Thema „Magersucht" denn behandeln würden! Ich bin zwar immer begeistert, wenn Schülerinnen und Schüler selbst Themen einbringen und Interesse zeigen an der Biologie (und am Unterricht insgesamt), jedoch passte dies nicht zu den aktuellen Unterrichtsthemen.

So konnten einfache Plakate Klassen von meinem Unterricht abhalten. Doch nicht nur der Plakatinhalt lenkt ab, ein Plakat hatte sogar eine grelle Leuchtfarbe. Die Fünfer und Sechser zeigten während des Unterrichts auf und wollten auch mal ein Plakat erstellen mit genau dieser Leuchtfarbe! Was auf dem Plakat inhaltlich stand verstanden sie natürlich noch nicht, es ging um Drogen und deren Wirkung auf unser Nervensystem.

Durch diese beiden Beispiele siehst du wie schnell Reize und Ablenkung entstehen können. Du musst einen gesunden Mittelweg finden. Ich fand mich damit ab, dass die Plakate anscheinend interessanter waren als mein Unterricht, jedoch hielt diese spezielle Ablenkung im Biologieraum nicht lange an. Nach zwei bis drei Stunden kannten sie die Plakate auswendig und mein Unterricht wurde wieder interessanter!

Interessant ist auch folgender Aspekt: Die Erweiterung des Arbeitsfeldes. Darunter versteht Dieter Enkhardt, dass es einen Bereich innerhalb des Klassenraumes gibt, auf den alle Schülerinnen und Schüler zeitgleich zugreifen können. Er nennt das Beispiel einer Geschichtslehrerin, die Plakate erstellen will, jedoch nur begrenzt Stifte, Klebstoff und andere Materialien für die Plakate mitgebracht hat.

Stellen wir uns folgende Situation vor: Du machst eine Gruppenarbeit in einer fünften Klasse. Deine Schüler benötigen verschiedene Gegenstände zur Erarbeitung der Präsentation bzw. der Plakate. Jetzt nimmt sich Gruppe eins das Lexikon, Gruppe zwei schaut sich die Bilder an und Gruppe 3 nimmt sich den Globus. Die anderen Gruppen haben dann Leerlauf, sie können diese Materialien momentan nicht nutzen! Sie haben Leerlauf (Langeweile), der automatisch zur Unruhe führt. Dies kannst du verhindern, indem du das Arbeitsfeld erweiterst.

Das bedeutet, dass du die Materialien, die die Schülerinnen und Schüler benötigen zentral aufstellst, sodass viele Schülerinnen und Schüler diese zeitgleich nutzen können. So können zwei Schülerinnen und Schüler (auch aus verschiedenen) beispielsweise zusammen am Globus arbeiten oder auch mit einem Blatt das aufgeklebt werden soll zentral an einer Klebestation den Kleber auf der Rückseite eines Bildes verteilen und dann wieder zu ihrem Platz zurückgehen und dieses dann endgültig auf das Plakat kleben. Verstehst du die Idee? So entsteht weniger Leerlauf, da alle immer irgendwie irgendwo auf Materialien zugreifen können. Leerläufe müssen verhindert werden!

Aber auch die Sitzordnung kann zu Unterrichtsstörungen beitragen. Sitzen die Schülerinnen und Schüler in drei Reihen streng hintereinander, so ist es für einen Schüler der hinteren Reihe schwer sich auf den vorgelesenen Text zu konzentrieren, den ein Schüler aus der ersten Reihe vorliest. Denn dieser spricht ja nach vorne, sprich hinten kommt akustisch nur sehr wenig an! Und was macht ein Schüler der hinten sitzt und nichts versteht? Auf jeden Fall **nicht** selbst **mitlesen**, sondern er stört!

Er unterhält sich in der Zeit mit seinem Nachbarn übers Wochenende oder auch über seine Mahlzeiten. Deshalb muss die Sitzordnung so angepasst werden, dass jeder jeden versteht!

Alternativ: Der Stuhlkreis, wobei ich zugeben muss, von diesem bin ich kein Freund.[25] Ich kann noch nicht mal richtig erklären warum, vielleicht zu aufwendig umzustellen? Denn alle Tische müssen erstmal weggeschoben werden, was Krach und Unruhe verursacht. Nach wenigen Minuten müssen diese auch wieder zurückgeschoben werden. Vielleicht liegt es aber auch an meinen Fächern: Mathematik und Biologie sind jetzt nicht so bekannt dafür den Stuhlkreis zu nutzen, Mathematik (in meinen Augen) noch weniger als die Biologie. In anderen Fächern sehe ich eher einen Sinn darin, z.B. Religion oder auch eine Buchbesprechung im Fach Deutsch.

Eine Sitzordnung hingegen testete ich in meiner Klasse mit Erfolg! Ich erwähne sie hier nur ganz kurz, da es ja hier primär um Störungen geht. Ich habe in meiner Klasse folgende Sitzordnung vorgeschlagen:

---

[25] (Abele, et al., 2006), S. 127

TAFEL

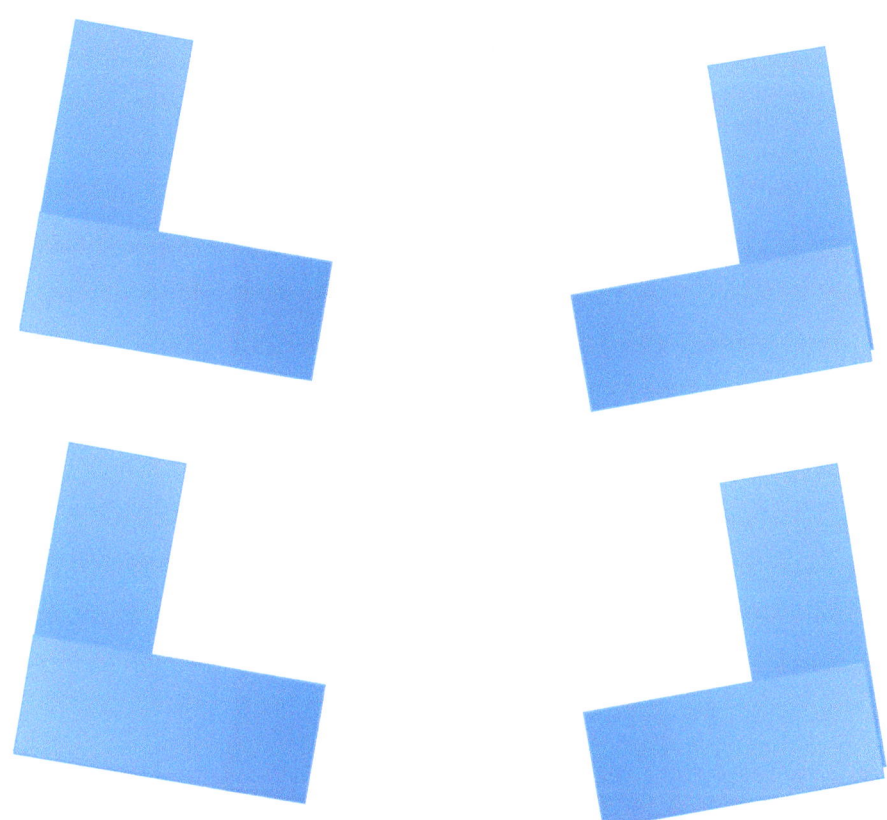

Ich denke diese vier Ecken reichen zu Vorstellen der Sitzordnung. Die Tische sind immer in 90° Winkeln (auch wenn es hier in den Zeichnungen nicht so genau aussieht) angeordnet. So kann jeder Schüler jeden verstehen, die Distanzen sind verringert. Auch die Sicht zur Tafel bleibt erhalten! Ein weiterer Vorteil: Gruppenarbeitstische sind schnell gebaut, denn die Schülerinnen und Schüler müssen die Tische nur schnell um 90° zusammenschieben! Ich habe diese Sitzordnung seit Monaten und kann mich nicht beschweren, auch die Schülerinnen und Schüler finden diese angenehm.

Was aber auch zu Störungen bzw. Ablenkungen führen kann sind beispielsweise **Sporttaschen**, die nach dem Sportunterricht in die Klassen mitgebracht werden. Wenn diese wahllos neben die Tische gepfeffert werden, stolpert so mancher Lehrer oder Schüler darüber, was wiederum eine Störung verursacht. Sporttaschen gehören immer an den Haken am Tisch![26] Oder, wenn sie leicht müffeln, was auch Unterrichtsstörungen verursachen kann, sogar an die Garderobe vor die Tür. Das kannst du mit deiner Klasse abmachen wie du es für nötig hältst. Bei jungen Schülerinnen und Schüler würde ich die Sporttaschen mit in die Klasse bringen lassen, bei pubertierenden, testosterontriefenden Schülern empfehle ich die Tasche vor der Tür zu lassen, du bestrafst dich nur selbst mit dem Geruch.

Eine Maßnahme die bei mir noch immer gewirkt hat ist die Androhung mit der Note „ungenügend". Ich bin kein Freund vom schnellen „Setzen→Sechs". Aber ich habe einen Weg für mich gefunden, mit dem ich mich angefreundet habe und auch Erfolge verzeichnen kann. Dieser funktioniert allerdings nur mit Klassen, die du selbst im Unterricht hast, also nicht für Vertretungsstunden.

---

[26] vgl. (Abele, et al., 2006), S. 128

Jede Stunde störte immer wieder die gleiche Schülerin, wenn sie wenigstens noch mitgearbeitet hätte, wäre das ein anderer Punkt. Aber nicht mitarbeiten und dann noch stören ist eine Frechheit. Deshalb bat ich sie nach dem Unterricht zu mir zu kommen. Ich teilte ihr folgendes mit:

„Du störst seit Stunden und arbeitest überhaupt nicht mehr mit."..."Wir vereinbaren folgendes: Ich trage dir für deine nicht erbrachte Leistung eine mündliche Note „ungenügend" ein, allerdings mit Bleistift. Wir vereinbaren eine Frist von einer Woche. Sehe ich positive Veränderungen, sprich mehr Mitarbeit, radiere ich sie wieder weg."

Mit diesem Deal war sie einverstanden und bereits am nächsten Tag arbeitete sie mit, und wer mitarbeitet, der kann natürlich nicht stören. Beide Probleme auf Anhieb behoben. So verfahre ich ab und zu bei „Wiederholungstätern". Und das erfolgreich. Denn wenn es um die Auswirkung auf Noten geht, dann geben die meisten Schüler auf und sehen ein, dass sie sich ändern müssen. Genauso kann man gezielt Hefte bzw. Arbeitsaufträge einsammeln. Schüler die stören können nicht arbeiten, also darf man die nicht vorhandene Mitarbeit benoten.

5.4. Ordnungs-und Erziehungsmaßnahmen

...müssen auch mal sein! Doch es gibt einen Unterschied zwischen beiden! Das sollte sich so mancher Lehrer immer wieder ins Bewusstsein rufen. Für einen jungen Referendar oder gar Student ist kein Unterschied auf den ersten Blick erkennbar. Doch den gibt es! Schauen wir uns den Unterschied an:

Eine **Erziehungsmaßnahme** (oder auch Erziehungsmittel) ist eine pädagogische Maßnahme. Sie hat keine rechtlichen Folgen für den Störenfried, ist also auch nicht rechtlich anfechtbar! Dazu zählen Mitteilungen an die Eltern, das Nachsitzen bei versäumten Hausaufgaben oder auch das Ermahnen im Unterricht bei Störaktionen.  Auch Gespräche mit dem oder den betreffenden Schülern oder auch das Ersetzen von beschädigten Gegenständen gehören dazu. Nach dieser Definition ist auch die „Zählmethode" von vorhin eine Erziehungsmaßnahme. Diese Maßnahmen werden nur vom Lehrer ergriffen, wenn der Schüler seine Pflicht verletzt und den Unterrichtsablauf stört. Erziehungsmaßnahmen können vom einzelnen Lehrer erteilt werden. Aber auch mit Rücksprache der Schulleitung können erzieherische Maßnahmen erfolgen, so z.B. die Überweisung in eine Parallelklasse oder Parallelkurs. Selbst dies ist noch keine Ordnungsmaßnahme, sondern eine erzieherische Maßnahme!

Ordnungsmaßnahmen sind eine Ebene höher anzusiedeln. Diese finden wir in der rheinland- pfälzischen Schulordnung. Im §95 (1) heißt es:

„Bei Verstößen gegen die Ordnung in der Schule können Ordnungsmaßnahmen ausgesprochen werden." [27].

Weiter heißt es in §95 (2):

„Verstöße gegen die Ordnung in der Schule liegen insbesondere vor bei Störungen des Unterrichts oder sonstiger Schulveranstaltungen, bei Verletzungen der Teilnahmepflicht, bei Handlungen, die das Zusammenleben in der Schule oder die Sicherheit der Schule oder der am Schulleben Beteiligten gefährden, sowie bei Verletzung der Hausordnung." [28]

Bei dieser Definition erkennst du schon die Aufgabe von Ordnungsmaßnahmen, sie sollen die Schülerinnen und Schüler einer Schule

---

[27] (Schulordnung für die öffentlichen Realschulen plus, Integrierten Gesamtschulen, Gymnasien, Kollegs und Abendgymnasien (Übergreifende Schulordnung), 2009), S. 49
[28] ebd.

schützen. Ordnungsmaßnahmen darfst du nur anwenden, wenn die erzieherischen Maßnahmen nicht mehr ausreichen. Auch muss die Ordnungsmaßnahme im Verhältnis zur „Straftat" stehen. Wegen einmal Papierflieger werfen kannst jemanden nicht gleich von der Schule werfen. Aber ich denke das ich jedem klar.

Weiter heißt es in der Schulordnung im §96 (3):

„Ordnungsmaßnahmen für die ganze Gruppe sind nur zulässig, wenn jede einzelne Schülerin und jeder einzelne Schüler der Gruppe sich ordnungswidrig verhalten hat." [29]

Das habe ich weiter vorne ja bereits erwähnt, dass dies eine Kollektivstrafe wäre und diese nicht nur unfair, sondern auch nicht zulässig ist!

Nun passiert es ja doch hin und wieder, dass Ordnungsmaßnahmen verhängt werden müssen. Deshalb hat das Bildungsministerium hier in der Schulordnung einen Maßnahmenkatalog im §97 integriert. Es ist wichtig diese Reihenfolge auch einzuhalten, evtl. kann man auch

---

[29] (Schulordnung für die öffentlichen Realschulen plus, Integrierten Gesamtschulen, Gymnasien, Kollegs und Abendgymnasien (Übergreifende Schulordnung), 2009), S. 49

mal eine Ebene überspringen, kläre dies aber auf jeden Fall in der Klassenkonferenz bzw. mit der Schulleitung!

Ich stelle den Maßnahmenkatalog in einem Diagramm dar:

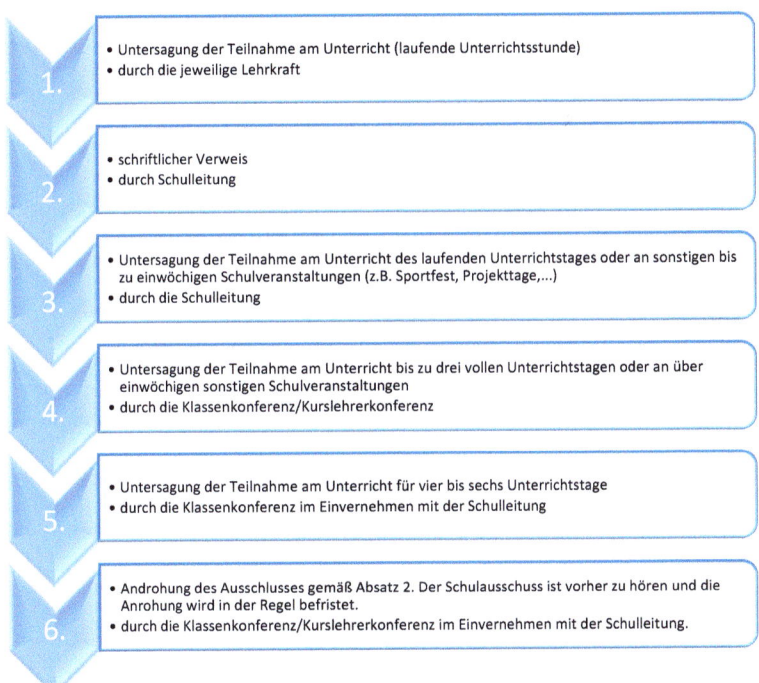

In dem Punkt sechs erwähnten Absatz 2 steht folgendes:

„Es können folgende Ordnungsmaßnahmen gemäß §55 SchulG getroffen werden:
1. *der Ausschluss von der bisher besuchten Schule auf Zeit oder auf Dauer,*
2. *der Ausschluss von allen Schulen dieser Schulart,*
3. *der Ausschluss von allen Schulen des Landes."* [30]

Jetzt ist natürlich klar, dass diese (ziemlich harten) Maßnahmen nur selten angewendet werden müssen, dazu muss schon eine ziemlich lange Liste an „Straftaten" aufgebaut worden sein.

Die zweite Maßnahme kann natürlich nicht von einer Schule alleine entschieden werden, hier muss die Schulbehörde mitentscheiden. Genaueres findest du aber im Schulgesetz[31] im §55. Ich hoffe jedoch du wirst diesen Paragraphen nie brauchen.
Durch jede der vorhin genannten Maßnahmen muss der Schüler merken: „Jetzt ist Schluss!". Er muss sich bewusstmachen, dass er eine Grenze überschritten hat und dazu auch die Konsequenzen tragen muss.

---

[30] (Schulordnung für die öffentlichen Realschulen plus, Integrierten Gesamtschulen, Gymnasien, Kollegs und Abendgymnasien (Übergreifende Schulordnung), 2009), S. 50
[31] (Schulgesetz, 2009), S. 36-36

5.5. Wie effektiv sind Strafen?

Strafen sind bei jüngeren Schülerinnen und Schüler meist wirksamer als bei Älteren (meine Erfahrung). Die Kleinen schämen sich meist für eine Zusatzaufgabe und entschuldigen sich tausendmal. Die Größeren schreiben sie meistens und eine Woche später ist es wieder das gleiche. Es wäre doch ein Traum, wenn mit einer Strafarbeit das gesamte negative Verhalten eines Störenfriedes für immer geändert wäre. Richtig, ein Traum, aber die Realität sieht anders aus.

Aus der Sicht der Lernpsychologie haben Strafen nur wenig Sinn. Denn sie können ein Verhalten einer Person nur unterbinden, jedoch nicht ändern. Ein Schüler der stören will, stört, egal was er vorher an Strafen hatte. Er muss aber einsehen, dass das Stören den Unterricht nicht weiterbringt und dadurch seine Mitschüler am Lernen gehindert werden. Hat der diese tiefen Einsichten, dann gibt es auch eine Chance auf Verhaltensänderung.

Bedeutet das jetzt, dass wir auf Strafen verzichten sollen? **NEIN!** Denn Strafen haben dennoch ihre Berechtigung. Sie haben die Funktion (wenn auch nur kurzfristig) das störende Verhalten eines Schülers wird zumindest für diese Unterrichtsstunde unterbunden. Der Unterricht geht also weiter. Strafarbeiten können aber auch eine Benachrichtigungsfunktion haben, nämlich ins Elternhaus. Wenn du eine Strafarbeit von den Eltern unterschreiben lässt, werden diese automatisch über das Fehlverhalten ihres Schützlings informiert. Zuhause können dann weitere Strafen drohen (doppelte Wirkung). Doch hier muss der Lehrer sensibel für das häusliche Umfeld sein, denn, wenn die Vermutung nahe liegt, dass ein Schüler zuhause körperlich bestraft wird, muss dies entschärft werden.[32]

Ich hoffe du erkennst, dass das Thema „Disziplin und Strafen" doch komplexer ist, als nur Stören→ Strafarbeit! Es gibt so viele Ansätze und so viele komplexe Hintergründe die man wissen sollte, bzw. sich nur mal bewusstmachen sollte.

Wichtig: Auch hier sollte Zieltransparenz herrschen, das möchte ich am Ende des Kapitels nochmals verdeutlichen. Deine Maßnahmen sollten immer transparent für jeden Schüler sein, er muss wissen welche Strafe ihn erwartet beim Schwätzen oder auch beim mehrmaligen Stören. Dazu muss er die Kriterien verstehen, die du dir selbst definierst.

---

[32] vgl. (Abele, et al., 2006), S. 137

6. Kriterien sind Leitplanken für alle

Wie eben erwähnt, nicht nur bei den Strafmaßnahmen sollen klare, transparente Kriterien herrschen nach denen du handelst, sondern auch im weiteren schulischen Leben.

6.1. Kriterien für die Epochalnoten

„Die Leistungsbeurteilung erfolgt punktuell oder epochal."[33] Punktuell ist klar, das sind Hausaufgabenüberprüfungen oder auch Klassenarbeiten, aber auch mündliche Abfragen an der Tafel. Epochale Leistungsbeurteilungen laut dem § 50 aus der übergreifenden Schulordnung meinen Leistungsbeurteilungen über einen längeren Zeitraum. Dazu zählt auch die sogenannte Epochalnote (ugs. Mitarbeitsnote). Die Epochalnote ist unter Lehrern genauso beliebt wie unbeliebt. Viele Lehrer (und auch Schüler) finden diese Form der Beurteilung ungerecht, da sie sehr subjektiv ist! Was beispielsweise macht man mit einer Schülerin, die nie aufzeigt? Sie zeigt nicht auf, weil sie Angst hat sich vor der Klasse zu blamieren, jedoch denkt sie mit und arbeitet immer sehr fleißig an den Hausaufgaben. Gibt man ihr nun eine

---

[33] vgl. (Schulordnung für die öffentlichen Realschulen plus, Integrierten Gesamtschulen, Gymnasien, Kollegs und Abendgymnasien (Übergreifende Schulordnung), 2009). S. 27, §50 (3)

fünf oder sechs, da keine offensichtliche Mitarbeit im Unterricht erfolgt? Im Vergleich eine andere Schülerin, die zwar öfter mal ihre Hausaufgaben vergisst, häufiger mit der Nachbarin über das Wochenende quatscht und die Mitarbeit nur jede zweite Stunde erkennbar ist. Gibt man dieser dann eine bessere Note? Du merkst bereits an dieser Stelle, Eponoten sind nicht leicht!

Es gibt keine richtigen Maßstäbe, denn die Note wird subjektiv vom Lehrer gebildet. Auch muss man die Eponote von Klassenarbeiten und sonstigen Leistungsbeurteilungen isoliert betrachten, was manchmal sehr schwer fällt!

Oft habe ich es erlebt, dass auch Schüler zu mir kamen und sich ungerecht behandelt fühlten. Manchmal zu Recht, manchmal aber auch nicht. Wenn ein Schüler die letzten Stunden nicht mitgearbeitet hat, jedoch die vier Wochen davor, dann müssen diese berücksichtigt werden! Und welcher Mensch behält sich schon im Kopf wer wann wie mitgearbeitet hat. Das bedeutet, man müsste nach jeder Unterrichtsstunde Notizen machen, aber bei 27 Wochenstunden und gefühlten tausend Schülern ein endloser Job tagtäglich. Aus diesen Gründen verzichten viele Lehrer auf die Eponoten. Das können sie rein rechtlich auch!

Meiner Meinung nach finde ich das genauso unfair gegenüber den Schülern. Denn warum sollen diese dann überhaupt eine Beteiligung am Unterricht zeigen? Sie werden ja nicht mit einer guten Note „belohnt". Daher habe ich mich für die Eponoten entschieden! Und ich denke, ich habe es ziemlich fair geregelt.

In §56 der Schulordnung heißt es: „...Epochalnoten sind nach Abschluss der Unterrichtseinheit mitzuteilen." [34] Pro Halbjahr bilde ich zwei Eponoten. Grob gesagt immer von Ferien zu Ferien eine. So bilde ich die Epo I von den Sommerferien zu den Herbstferien, die Epo II von Herbst- bis zu den Weihnachtsferien. Dies ist natürlich ein grober Rahmen. Diese beiden Eponoten zählen dann für das Halbjahreszeugnis Ende Januar. Die nächsten Eponoten, nämlich Epo III und Epo IV, laufen dann wieder von Februar an bis zu den Osterferien bzw. nach den Osterferien bis zur kurz vor die Sommerferien. So bin ich wieder sicher, dass ich zwei Eponoten im zweiten Halbjahr schaffe. In meiner Ausbildung habe ich noch gelernt, dass eine Eponote pro Halbjahr nicht zulässig sei. Das bedeutet, wenn man diese Note bildet, dann bitte mindestens zwei pro Halbjahr!

---

[34] vgl. (Schulordnung für die öffentlichen Realschulen plus, Integrierten Gesamtschulen, Gymnasien, Kollegs und Abendgymnasien (Übergreifende Schulordnung), 2009). S. 31. §56 (2)

Das stand auch so in der Schulordnung, jedoch seit der Überarbeitung 2009 ist dieser Paragraph abgeändert. Von einer Anzahl an Eponoten steht nun nichts mehr drin. Dennoch finde ich eine pro Halbjahr viel zu wenig. Sollte ein Halbjahr mal länger dauern oder kürzere Einheiten anfallen, so tendiere ich sogar zu drei Eponoten im Halbjahr.

Ein weiteres Problem bei dieser Art von Noten ist die Gewichtung. Zählt man sie bei der Notenbildung einfach, sprich wie eine Hausaufgabenüberprüfung oder eine andere punktuelle Abfrage, so fand ich dies unfair! Denn eine Eponote geht, wie der Name schon sagt, über einen längeren Zeitraum (=Epoche). Daher habe ich mich dazu entschlossen die Eponoten doppelt zu gewichten. Das bedeutet, schreibt ein Schüler eine schlechte Hausaufgabenüberprüfung, zeigt aber sonst eine gute Mitarbeit, so hat er diese bereits ausgeglichen, da die Hausaufgabenüberprüfung nur einfach zählt. Ich finde diese Art der Gewichtung gerechter.

Wie wird aber nun die Bildung der Eponoten gerechter? Dazu brauchst du selbst Kriterien, denn offizielle Maßstäbe gibt es nicht. Nun gibt es zwei Möglichkeiten: Entweder du machst dir fünf Minuten Gedanken über deine Kriterien und teilst diese deinen Schülern mit oder du beteiligst sie daran.

In beiden Fällen müssen am Schluss eindeutige Kriterien stehen: Wann gibt es eine Note „sehr gut" bei welchen Leistungen, wann die Note „gut" usw. Während meines Referendariats haben wir in unseren Ausbildungsgesprächen ebenfalls dieses Thema diskutiert. Wir haben einige Kriterien erarbeitet:

Note	Kriterien
1	Der Schüler ist sehr konzentriert, er ist immer gut vorbereitet und auch bereit Zusatzaufgaben zu erledigen. Hilfestellungen für die Mitschüler werden immer auf Anfrage gegeben.
2	Der Schüler ist konzentriert und arbeitet beständig mit. Die Hausaufgaben werden regelmäßig erledigt und nur selten vergessen. Die Bereitschaft den Mitschülern Hilfestellungen zu geben ist vorhanden.
3	Der Schüler ist nicht immer konzentriert, die Aktivität im Unterricht ist unregelmäßig (passiv). Die Hausaufgaben fehlen öfter und er ist nur wenig bemüht um selbständige Leistungen.
4	Der Schüler zeigt nur sehr wenig Beteiligung am Unterricht und hat selten Hausaufgaben. Zeigt meist Passivität im Unterricht und bemüht sich nicht um Eigenständigkeit.
5	Der Schüler sitzt nur teilnahmslos da. Desinteresse ist die Folge des „Nichtvorbereitens" und auch die Arbeitsmittel sind nie dabei. Mitarbeit ist nur sehr selten vorhanden.

> **6** Der Schüler arbeitet nicht nur nicht mit, sondern er stört die Lernatmosphäre. Die Hausaufgaben sind nicht vorhanden und auch sein Arbeitsmaterial existiert nicht.

In zwei Stellen dieser Zusammenfassung möchte ich dir Hinweise geben.

Bei der Note „sehr gut" und „gut" sind nicht nur die reinen fachlichen Fakten ausschlaggebend, sondern auch der soziale Aspekt wie „Hilfestellungen geben". Das ist in meinen Augen sehr wichtig! Denn in einer immer vielfältigeren Gesellschaft ist es umso wichtiger, dass Kinder bereits in jungen Jahren lernen was Respekt vor den Mitmenschen heißt. Auch in den immer mehr aufkommenden integrativ unterrichtenden Schulformen ist es wichtig, dass Kinder lernen anderen Kindern zu helfen. Sie müssen verstehen, dass nicht jeder gleich schnell lernt und lernschwächere Kinder mehr Hilfestellungen brauchen, die nicht immer nur von den Lehrern kommen können.

Daher sollten solche sozialen Kompetenzen immer mit berücksichtigt werden in der Notengebung!

Der zweite Hinweis ist bei der Note „ungenügend". Dort steht auch störendes Verhalten als Kriterium. Das haben wir damals in unsere Überlegungen aufgenommen, jedoch stößt es bei mir persönlich auf

Missverständnis. Denn mein Verständnis von epochaler Mitarbeit, also der Epochalnote, ist nicht ein störendes Verhalten! Das zählt für mich separat in die Verhaltensnote! Solch eine Vermischung von Verhalten und Mitarbeit lehne ich komplett ab und sollte vermieden werden. Ein Fall ist mir gerade im Kopf: Ein Schüler macht nur sporadisch mit, stört und schwätzt aber mehr im Unterricht. Arbeitsmaterial war auch nur selten dabei und die Passivität überwog. Dennoch bekam er von mir eine vier, denn er beteiligte sich ja am Unterricht, wenn auch nur sehr unregelmäßig und selten. Und die Beiträge von ihm waren ja auch nicht falsch.

Auch wenn ich ihn unaufgefordert etwas zum Unterricht fragte, waren seine Beiträge nur selten schlecht. Er war nur zu „faul" um aufzuzeigen.
Das störende Verhalten muss man hierbei komplett ausblenden können und nur die Mitarbeit herausfiltern. Das ist (zugegeben) nicht ganz einfach, aber machbar.

Ich kenne natürlich auch die andere Seite der Argumentation. In Unterhaltungen über dieses Thema mit Kollegen wurde mir oft genug gesagt: „Wenn ein Schüler stört, arbeitet er in dem Moment auch nicht mit, daher kann ich Störungen in die EpoNote aufnehmen". Klar, das ist auch ein Argument, aber in meinen Augen zieht es trotzdem nicht. Denn wenn ich die Störungen doch in die EpoNote ziehe, was beurteile ich dann in der Verhaltensnote? Somit wird ein Schüler ungerechterweise doppelt gestraft! Daher bin ich hier für eine klare Abgrenzung beider Noten.

Auf dem Zeugnis gibt es natürlich nicht die Noten „mangelhaft" und „ungenügend" in den Kopfnoten. Dennoch ist es zulässig diese als einzelne EpoNoten im Unterricht zu erteilen.
Vorhin erwähnte ich, dass man die Schüler zur Findung der Kriterien beteiligen kann. Natürlich können sie keinen perfekten Katalog aufstellen, jedoch allein die Beteiligung gibt Ihnen das Gefühl der Integration der Notenfindung und erspart dir später den Protest gegen deine Kriterien und Noten. In dem Moment, wo die Schüler die Kriterien mit dir erarbeiten, du sie nur noch zuhause ergänzt und tabellarisch sortierst, akzeptieren die Schüler die Kriterien. Bei Protesten gegen die EpoNote kannst du sie mit ihren eigenen Kriterien darauf hinweisen, dass diese für alle gelten und du diese auch genutzt hast.

Eigene Erfahrung: Seitdem ich diese Tabelle mit den Kriterien nutze habe ich so gut wie keine Proteste mehr. Alles ist für die Schüler transparent und nachvollziehbar. Damit setzen wir im Unterricht das um, was auch gerade in der Politik heiß diskutiert wird. Auch da wird

Transparenz gefordert (zu Recht!). Die Einbeziehung der Schüler in die Notenfindung funktioniert bei mir so:

Die oben genannten Kriterien habe ich sauber in eine Tabelle übernommen, die Kriterien natürlich abgekürzt und stichwortartig. Dahinter ist eine Spalte zum Ankreuzen und ein Feld für den Namen ist auch vorhanden.

Name:　　　　　Klasse:

Note	Kriterien	Ich schätze mich auf...
1	...	
2	...	X
3	...	
4	...	
5	...	
6	...	

Diese Tabelle kopiere ich und teile diese dann in der Klasse aus. Die Schüler machen hinter der Note ein Kreuz, wo die meisten Übereinstimmungen der Kriterien und ihnen stehen. Sie kreuzen zwei Noten an, wenn sie sich nicht entscheiden können. Anschließend sammle ich die Tabellen wieder ein und kann in Ruhe am Schreibtisch individuell die Notenvorschläge der Schüler durchlesen. Stimme ich zu, d.h. passen die Kriterien auf den Schüler, dann bekommt er „seine" Note. Stimme ich nicht zu, so kreuze ich die Note an, die ich für ihn aufgrund der daneben stehenden Kriterien für ihn sehe.

Seitdem ich dieses System für die Notenfindung benutze und die Schüler einbeziehe gibt es kaum Diskussionen über die Noten! Schätzungsweise 90% der Schüler können die EpoNote nachvollziehen und akzeptieren diese.

Auch an diesem Beispiel zeigt sich wieder:
Wer seine Schüler früh genug beteiligt und einbindet, hat hinterher weniger Sorgen!

Das Prinzip mit den EpoNoten lässt sich auch auf die Heftnoten ausdehnen, deshalb kann ich mich bei diesen kürzer fassen:

6.2. Kriterien für die Heftnoten

Wie bereits bei den EpoNoten erwähnt, sollten auch hier klare Kriterien für eine Beurteilung der Heftnoten herrschen! Auch hier kann man seine Schüler einbinden und klare Kriterien finden. Jedem Schüler ist klar, bei zittriger Schrift und Eselsohren kann es schon mal keine Note „sehr gut" mehr sein! Solch einleuchtende Erkenntnisse hat man bereits in der Grundschule. Deshalb gilt auch das Prinzip der Beteiligung hier. Hier werde ich nicht zu viel Vorarbeit leisten, denn jeder Lehrer sollte seine eigenen Schwerpunkte bei der Vergabe von Leistungsbeurteilungen setzen. Aus den folgenden Gedanken kann sich jede Lehrkraft in tabellarischer Form seine Kriterien selbst „basteln":

I. **Wie sieht das Heft von außen aus?**
   a. Eselsohren am Heft?
   b. Bekritzelt?
   c. Ist der Name, die Klasse und das Fach auf dem Heft vermerkt?
   d. Ist das Heft noch intakt oder schon zerfetzt?

II. **Wie sieht es im Heft selbst aus?**
   a. angenehme und lesbare Schrift?
   b. Struktur des Heftes

      c. Vollständig oder fehlt einiges?
      d. Sind die Hausaufgaben alle drin?
      e. Blätter eingeklebt?

III. Rahmenbedingungen?
      a. Datum vorhanden bei jedem Hefteintrag?
      b. Überschriften vorhanden?
      c. Überschriften unterstrichen?
      d. Kreativ gearbeitet? (d.h. wichtiges „bunt" geschrieben, Regeln rot umrahmt,..)

Dies sind einige meiner Vorschläge, aus denen ich mir einen Bogen zur Beurteilung „gebastelt" habe. Auf einem halben DIN A4 Papier habe ich eine Tabelle erstellt. Hinter jedem Kriterium stehen die Punkte, die erreicht werden können.

Schwerpunktmäßig überwiegt natürlich „II. Wie sieht es im Heft aus?". Hier kann der Schüler die meisten Punkte sammeln! Insgesamt gibt es 20 Punkte.

Falls dir diese Idee gefällt kannst du einige Vorschläge von oben in eine Tabelle übernehmen und ebenfalls 20 Punkte verteilen. Du musst natürlich selbst deine Schwerpunkte setzen, also entscheiden, wo du mehr Punkte vergibst und wo weniger. Hier ein Beispiel von mir:

<u>Benotung der Heftführung</u>
für _____

Kriterien	Punktzahl
äußeres Erscheinungsbild	/ 2
Inneres Erscheinungsbild (Struktur, Worte durchgestrichen, sauber gearbeitet…)	/ 4
Datum und Überschriften	/ 3
leserliche Schrift	/ 3
Hausaufgaben	/ 3
Vollständigkeit	/ 4
Kreativität	/ 1
Gesamtpunktzahl	_____ / 20

Note:	1	2	3	4	5	6
Punkte:	20 - 19	18 - 16	15 - 13	12 - 9	8 - 5	4 - 0

So ziehen sich die Kriterien durch meinen Unterricht wie ein roter Faden. Ich kann es nur wiederholen: Wenn Schüler selbst erkennen was sie wofür bekommen, ihnen die Benotung klar aufgezeigt und transparent gemacht wird, so ist Unterricht nur noch halb so schwer. Die Schüler haben wieder ein Ziel vor Augen, egal, ob Heftnote, Eponote,

Präsentation oder Gruppenarbeit und wollen durch die klaren Ziele ihre Punkte zu einer guten Note sammeln!

7. Neue Medien: Der Jugendmedienschutz

Eine Zusatzausbildung die ich nach dem zweiten Staatsexamen absolviert habe ist die des Jugendmedienschutzberaters. Diese Zusatzausbildung umfasste zwei Nachmittage vollgepackt mit Wissen über die Gefahren des Alltags im Netz.

Ein Jugendmedienschutzberater hat die Aufgabe Schülerinnen und Schüler über die Gefahren im Netz aufzuklären und damit einen verantwortungsvollen Umgang mit den neuen Medien zu vermitteln. Es ist empfehlenswert an jeder Schule (auch jeder Schulart) mindestens zwei Jugendmedienschutzberater zu haben. Ich kann dir diese Ausbildung nur empfehlen. Gerade in unserer medialen Welt ist diese Zusatzausbildung sehr sinnvoll. Und vor allen Dingen bist du immer auf dem neuesten Stand der modernen Medien. Es gibt heute kaum noch eine Klasse wo Whatsapp, Snapchat etc. keine große Rolle spielen. Wann muss ich als (Klassen-)lehrer eingreifen? Wann beginnt Cybermobbing? Dies sind alles Fragestellungen, die auch Lehrpersonen heutzutage wissen sollten.

7.1. Was ist ein Jugendmedienschutzberater?

Das Aufgabenfeld ist kurz gesagt: Die Vermittlung eines verantwortungsvollen Umgangs mit den neuen Medien. Dahinter verbirgt sich jedoch ein riesiger Komplex. Das Internet ist heute fast von überall erreichbar, vom PC, Smartphone, Tablets und auch von den neuesten Fernsehgeräten.

Das Problem ist: unsere Kinder wachsen in diese mediale Welt hinein und sind meist überfordert mit der Benutzung dieser Medien. Sorglos posten sie Bilder vom letzten feuchtfröhlichen Wochenende und wissen nicht, dass sie damit ihre späteren Einstellungschancen in einer Firma riskieren. Die heutigen Arbeitgeber lesen im Internet mit! Jede größere Firma beschäftigt Personen, die alleine darauf spezialisiert sind, im Internet nach Informationen von Bewerbern zu suchen.

!!Als Jugendmedienschutzberater musst du die Kinder für solche Themen sensibilisieren!!

Als Jugendmedienschutzberater musst du auch immer auf dem aktuellsten Stand der Dinge sein. Du musst wissen, wie man mit Cybermobbingopfern und –tätern umgeht und wie man Cybermobbing überhaupt verhindern kann. Hier bietet sich Zusammenarbeit mit Schulsozialarbeitern an. Diese haben meist ähnliche Ausbildungen hinter sich.

7.2. Wie sieht Jugendmedienschutz im Alltag aus?

Das ist eine gute Frage. Ein größeres Konzept gibt es nicht. Jede Schule entwirft (wenn überhaupt) ihr eigenes Konzept. Du hast ja kein spezielles Fach indem du die Medienerziehung unterrichten kannst. Seit langem spreche ich mich für einen Fach „Medienkunde" oder „Medienerziehung" aus. Aber dazu müsste man an anderen Fächern etwas abknapsen. Also bleibt zur Medienerziehung meist nur der Vertretungsunterricht übrig. Das ist aber definitiv zu wenig.

Die Attacken im Netz nehmen immer weiter zu. Auch in meinem bisherigen Lehrerdasein kam es vor, dass Schüler sich gegenseitig in ihre Facebookaccounts hacken und Mitschüler mit einer anderen Identität beleidigen. Dies ging einmal so weit, dass ich einer sechsten Klasse eine Doppelstunde zur Prävention von Cybermobbing halten musste.

Prävention kam hier zwar zu spät, aber die Situation war danach etwas entschärft.

Als Jugendmedienschutzberater bist du eine Art Feuerwehrlehrer. Sobald in einer Klasse Fälle von Cybermobbing bekannt werden, musst du in diese Klasse gehen und etwas dagegen tun. In leichteren Fällen kannst du auch den Klassenlehrer kurz schulen, sodass dieser in den Klassenleiterstunden das Thema ansprechen kann. Am Anfang stehst du ziemlich mit leeren Händen da, denn du hast ja noch gar kein Material.

So erging es mir auch am Anfang. Mittlerweile habe ich fertige Stunden in meinem Ordner und Material gibt es auch wie Sand am Meer.

Ein Beispiel: Klicksafe.de

Die Materialien von Klicksafe.de kann ich dir nur empfehlen. In dem Materialordner „Knowhow für junge User"[35] findest du Arbeitsblätter mit Lösungen für alle Jahrgänge. Und das Beste: Der Ordner ist kostenlos und auch als pdf Download auf Klicksafe.de erhältlich. In diesem Ordner von Klicksafe.de sind verschiedene Bausteine. Jeder Baustein ist nochmals in Niveaus unterteilt. Zu erkennen ist das am Dreieckssymbol am oberen Rand. Ist nur ein Dreieck vorhanden, so ist das

---

[35] (Klicksafe)

Arbeitsblatt für die Klassenstufen fünf und sechs gedacht. Bei zwei Dreiecken ist es für die Klassenstufen sieben und acht, bei drei Dreiecken ist es für die Klassenstufe neun und zehn konzipiert. Wenn du also Material für eine fünfte Klasse benötigst, brauchst du nur einen Baustein auszuwählen und die mit einem Dreieck gekennzeichneten Arbeitsblätter auszudrucken. Dann musst du noch einen passenden Einstieg finden und dich inhaltlich fit machen. Fertig ist eine Stunde Medienerziehung.

Ich habe mir die wichtigsten Bausteine (meiner Ansicht nach) herausgeschrieben:

1. **Was sind Medien?**
2. **Wildes Surfen-was kann passieren?**
3. **Helles Köpfchen-Der richtige Umgang mit Suchmaschinen**
4. **Internet, alles wahr?**
5. **Wir werden Werbungsdetektive**
6. **Kommunikation im Internet**
7. **Handy, dein teurer Alleskönner**
8. **Computerspiele**
9. **Web 2.0 - Du kannst mitmachen!**
10. **Was ist erlaubt? Recht und Gesetz im Internet**
11. **Online Shopping**
12. **Sicherheit im Internet**

13. Illegale Downloads und Tauschbörsen
14. Mobbing im Internet
15. Alles Porno?

Ein Schulkonzept ist nun ganz einfach erstellt. Jeder dieser Bausteine hat (wie eben erwähnt) mindestens ein Arbeitsblatt zu jeder Klassendoppelstufe.
Bedeutet: Du hast für die Klassenstufen fünf und sechs, wenn du zu jedem Baustein nur ein Arbeitsblatt nehmen solltest, 15 Arbeitsblätter zu bearbeiten. Ein Arbeitsblatt ist zwar knapp bemessen, aber es ist die Mindestanforderung. Das bedeutet, wenn du ein Arbeitsblatt pro Stunde schaffst, benötigst du in der Klassenstufe fünf und sechs insgesamt 15 Unterrichtsstunden um ein Grundfundament an Medienerziehung aufzubauen. 15 Unterrichtsstunden in zwei Schuljahren ist auf jeden Fall machbar! Ich habe es so gemacht, dass ich eine AG für die Klassenstufe sechs angeboten habe. Diese ging über einen längeren Zeitraum und befasste sich ausschließlich mit Medienerziehung. Zu jedem dieser 15 Bausteine habe ich Arbeitsblätter herauskopiert und zusammen mit den Schülerinnen und Schülern am PC bearbeitet. Viele Arbeitsblätter sind mithilfe des Internet zu bearbeiten, so brauchte ich für die Motivation nicht viel zu tun. Ab und zu ein kleiner Einstieg, dann das Arbeitsblatt eingebaut und eine Schlussbesprechung. Die Arbeitsblätter wurden dann in einer Mappe abgeheftet. Am Ende der AG hatten die Schülerinnen und Schüler eine Mappe

voller Infos zu den neuen Medien. Das ist aber nur ein Beispiel zur Integration der „Medienerziehung" in den Schulalltag. Natürlich erreicht man mit einer AG nur einen Bruchteil aller Schüler.

Ich habe auf einer Fortbildung eine weitere Art der Integration im Alltag kennen gelernt:

Für jede Klasse wurde ein Ordner angelegt. In diesem Ordner hat wiederum jeder Schüler seine eigene kleine Mappe. In dieser Mappe hatte jeder Schüler bereits die kopierten Arbeitsblätter zu jedem Baustein. Jeder Vertretungslehrer konnte nun die Schüler in einer Vertretungsstunde an den Mappen weiterarbeiten lassen. Die Musterlösungen zu den Arbeitsblättern lagen im Pult. Die Schüler mussten die fertigen Arbeitsblätter dem Lehrer vorzeigen, dieser erlaubte dann die Kontrolle mit den Musterlösungen. Nach dieser Kontrolle quittierte der Lehrer vorne in ein Inhaltsverzeichnis die bearbeiteten Arbeitsblätter. Natürlich konnten die Schüler in der Klasse nur die Arbeitsblätter bearbeiten, die keinen Internetanschluss voraussetzten. Für die Arbeitsblätter, die nur mit einer Internetrecherche zu lösen waren, musste der PC-Raum reserviert werden. Ziel war es, in allen Vertretungsstunden des Schuljahres die Schülerinnen und Schüler so oft in den Mappen arbeiten zu lassen, dass diese bis zum Schuljahresende fertig bearbeitet waren. So wurde ebenfalls die Unterrichtung von „Medienerziehung" sichergestellt und die Vertretungsstunden sinnvoll genutzt. Für jedes Schuljahr wurden solche Mappen angelegt. Natürlich ist die Erstellung solcher Mappen sehr aufwendig. Nicht nur die Arbeitsblätter müssen herausgesucht werden, sondern auch Mappen angeschafft, die Blätter gelocht, eingeheftet, und für die gesamten Schüler kopiert werden, ein riesiger Materialaufwand. Anschließend hat man jedoch für ein ganzes Jahr lang Ruhe.

Nun hast du zwei Anregungen bekommen wie du Jugendmedienschutz im Alltag integrieren kann. Eventuell bist du kreativer und findest noch mehr Möglichkeiten zu Integration.

Ein Einstieg zu diesem gesamten Thema kann wie folgt aussehen:

Als Einstieg wähle ich häufig eine Folie mit den Logos von verschiedenen sozialen Netzwerken. Diese Folie kann ich leider nicht hier zeigen, denn die Logos sind meist urheberrechtlich geschützt. Solch eine Folie kannst du aber ganz einfach selbst erstellen. Du musst einfach nur die verschiedenen Logos der sozialen Netzwerke in ein leeres Wortdokument kopieren, groß genug ziehen, auf eine Folie drucken und im Unterricht auf einen Overheadprojektor legen.

Sofort gehen einige Finger nach oben, ohne, dass du irgendetwas sagen musst. Das ist ein stiller Impuls der immer funktioniert. Als erstes werden die Schüler erzählen in welchen sozialen Netzwerken sie tätig sind. Das kannst du dir erst mal nur anhören ohne zu kommentieren. Anschließend werden weitere Schüler aufzeigen und dir ihre Geschichten über die sozialen Netzwerke erzählen. Ihr Interesse an diesem Thema ist nun geweckt und du bist mitten im Thema. Das folgende Arbeitsblatt kannst du entweder als Kopie verteilen oder als Folie auflegen:

<u>Gefahren und Chancen im Internet -Soziale Netzwerke-</u>

1. Zählt auf in welchen sozialen Netzwerken ihr Mitglied seid:
   a. Facebook
   b. ...

2. Warum hast du dich angemeldet?

3. Vergleiche mit deinem Partner.

4. Welche Vor- und Nachteile bestehen bei einer Mitgliedschaft in einem sozialen Netzwerk?

Vorteile	Nachteile

Alleine der Einstieg mithilfe der Logo-Folie wird ca. eine Viertelstunde dauern. Die Erarbeitung dieses Arbeitsblattes wird ebenfalls ca. eine Viertelstunde dauern. Nur durch den Einstieg und die Arbeiten des Arbeitsblattes ist schon eine halbe Stunde vorbei.

Die restlichen 15 Minuten brauchst du für die Besprechung des Arbeitsblattes. Bei dieser Besprechung wird es nochmals zu Diskussionen innerhalb der Klasse kommen. Die Mitschüler vergleichen untereinander ihre Aussagen zu sozialen Netzwerken und bewerten diese. Die unterschiedlichen Meinungen musst du am Ende der Stunde nochmals bündeln und verdeutlichen, welche Gefahren, aber auch Chancen, in den sozialen Netzwerken stecken.

8. Zusammenfassung

Ich hoffe, dass ich dir mit diesem Buch einen kleinen Einblick in das Leben nach dem Referendariat zeigen und eventuell den ein oder anderen Hinweis oder Tipp geben konnte.

Ich kenne die Situation noch gut, man ist fertig mit dem „Ref" und steht dann plötzlich alleine da. Mittlerweile bin ich im achten Jahr Lehrer und bereue meine Berufswahl bis heute nicht. Klar sind die letzten Jahre anstrengend gewesen. Die Rahmenbedingungen sind heutzutage nicht immer optimal, gerade in Rheinland-Pfalz mit der Umstellung von Realschule und Hauptschule zu Realschule plus brachte viel Veränderung. Und diese Reform des Schulsystems kam genau in meinem Referendariat. Also, als Realschullehrer ausgebildet stand man plötzlich in einer neuen Schulform, der Realschule plus. Hier musste ich zum neuen Schulsystem dann noch die „Alltagswaffen" des Lehrers lernen. Diese alltäglichen Dinge, wie Elternabende vorbereiten, Wahlen an Elternabenden, neue Medien in der Schule, Tipps zu Fehltagen und und und wollte ich dir etwas näher bringen. Ich hoffe es hat geklappt.

Sollte es kurz nach dem Referendariat nicht direkt im Alltag funktionieren, so kann ich dir versprechen, das ist normal. Mit der Zeit kommt die Erfahrung und die kommt in der Schule sehr schnell.

Literaturverzeichnis

Abele, U., Brinkmöller-Becker, D., Diepold, S., Enkhardt, D., Linser, H.-J., Marx, J., . . . Zerpies, R. (2006). *Fundgrube Klassenlehrer.* (S. Diepold, Hrsg.) Berlin: Cornelsen Verlag.

Braun, A. K. (2009). Wie Gehirne laufen lernen oder: Früh übt sich, wer ein Meister werden will! In U. Herrmann, *Neurodidaktik-Grundlagen und Vorschläge für gehirngerechtes Lehren und Lernen* (pp. 134-147). Weinheim und Basel.

Herrmann, U. (2009). Gehirnforschung und die neurodidaktische Revision schulisch organisierten Lehrens und Lernen. In U. Herrmann, *Neurodidaktik-Grundlagen und Vorschläge für gehirngerechtes Lehren und Lernen* (pp. 148-181). Weinheim und Basel.

Herrmann, U. (2009). *Neurodidaktik-Grundlagen und Vorschläge für gehirngerechtes Lehren und Lernen.* (U. Herrmann, Ed.) Weinheim und Basel: Beltz Verlag.

Hußmann, S., & Prediger, S. (2007 йил Oktober). Mit unterschieden rechnen-Differenzieren und Individualisieren. *Praxis der Mathematik in der Schule*, pp. 1-8.

Klicksafe. Abgerufen am 20.11.2016 von http://www.klicksafe.de/service/aktuelles/news/detail/klicksafe-lehrerhandbuch-knowhow-fuer-junge-user-materialien-fuer-den-unterricht

Mattes, W. (2002). *Methoden für den Unterricht.* Paderborn: Schöningh.

Mattes, W. (2006). *Routiniert planen-effizient unterrichten.* Paderborn, Deutschland.

Meier, Dr. A. (20. 11 2016). *Lehrer online.* Von https://www.lehrer-online.de/unterricht/sekundarstufen/naturwissenschaften/mathematik/unterrichtseinheit/seite/ue/lineare-funktionen-interaktiv-erkunden/das-ich-du-wir-prinzip/ abgerufen

Meister, H. (2007). *Differenzierung von A-Z.* Stuttgart: Ernst Kett Verlag.

Ministerium für Bildung, W. J. (Hrsg.). (2005). *Schulwahlordnung.*

Ministerium für Bildung, W. J. (Hrsg.). (2009). *Schulgesetz.* Mainz, Rheinland-Pfalz.

Ministerium für Bildung, W. J. (Hrsg.). (2009). *Schulordnung für die öffentlichen Realschulen plus, Integrierten Gesamtschulen, Gymnasien, Kollegs und Abendgymnasien (Übergreifende Schulordnung).* Mainz, Rheinland-Pfalz.

Spitzer, M. (2007). *Lernen: Gehirnforschung und die Schule des Lebens.* Heidelberg: Springer Verlag.

Unruh, T. (2007). *Der Lehrer-Coach.* Lichtenau: AOL Verlag.

Alle Abbildungen sind von www.pixabay.com . Auf deren Seite heißt es:

„Alle Bilder und Videos auf Pixabay sind frei von Urheberrechten unter Creative Commons CC0 veröffentlicht. Du kannst diese kostenlos herunterladen, verändern und für beliebige Zwecke verwenden, auch in kommerziellen Anwendungen. Eine Namensnennung ist nicht erforderlich."·

Dennoch möchte ich die Seite hier erwähnen! Vielen Dank an alle Grafiksteller und Mitarbeiter der Seite für dieses tolle Angebot!

---

[36] http://www.pixabay.com, 13.11.2016